자기주권 신원증명 구조 분석서

자기주권 신원증명
구조 분석서

1쇄 발행 2020년 7월 3일

지은이 윤대근
펴낸이 장성두
펴낸곳 주식회사 제이펍

출판신고 2009년 11월 10일 제406-2009-000087호
주소 경기도 파주시 회동길 159 3층 3-B호
전화 070-8201-9010 / **팩스** 02-6280-0405
홈페이지 www.jpub.kr / **원고투고** jeipub@gmail.com
독자문의 readers.jpub@gmail.com / **교재문의** jeipubmarketer@gmail.com

편집팀 이종무, 이민숙, 최병찬, 이주원 / **소통·기획팀** 민지환, 송찬수, 강민철 / **회계팀** 김유미
진행 장성두 / **교정·교열** 박대호 / **내지디자인** 북아이
용지 신승지류유통 / **인쇄** 해외정판사 / **제본** 광우제책사

ISBN 979-11-90665-38-4 (93000)
값 25,000원

제이펍은 독자 여러분의 아이디어와 원고 투고를 기다리고 있습니다. 책으로 펴내고자 하는 아이디어나 원고가 있는 분께서는
책의 간단한 개요와 차례, 구성과 저(역)자 약력 등을 메일로 보내주세요.　　　　　　　**jeipub@gmail.com**

자기주권 신원증명 구조 분석서

ETRI 블록체인기술연구센터, 윤대근 지음

차례

CHAPTER 1 ▸ **SSI 개요 _ 1**

신원 인증 기술 현황

IT 기술이 발전함에 따라 사람들은 일상에 필요한 많은 일을 온라인에서 처리하고 있습니다. 예를 들어, 온라인을 통해 각종 인증서를 발급받거나 단순 금융 업무를 처리하는 것이 이제 더는 놀라운 일이 아닙니다. 또한, 물류 시스템과 IT 기술의 융합으로 싱싱한 식자재 등 일상에 필요한 상품을 구매하기 위해 매장으로 직접 가는 것은 필수가 아닌 선택사항이 되었습니다. 이 밖에도 우리는 IT 기술에 힘입어 수많은 일을 온라인으로 처리할 수 있는 세상에 살고 있습니다.

앞서 예로 든 단순 금융 업무나 인증서 발급을 위해서는 자신의 신원을 인증해야 하고, 물건을 구매하기 위해서도 본인 명의의 신용카드나 계좌 관련 신원을 인증해야만 합니다. 하지만, 고도로 발전된 다른 기술과는 달리 신원 인증 기술은 아직 시대의 흐름에 맞게 발전하지 못하고 있습니다. 아직도 우리는 부동산 거래, 큰돈이 오고 가는 금융 거래, 입학 및 입사 등 중요한 일들은 온라인에서가 아닌 현실에서 위/변조가 꽹장히 쉬운 플라스틱 ID 카드와 종이로 된 인증서로 인증해야만 합니다. 우리나라에는 공인인증서 제도가 있었지만 '천송이 코트' 사건처럼 여전히 사용하는 데 제약사항이 많았습니다. 결국, 보안 문제와 사용자 편의성 문제 등 수많은 논란 끝에 공인인증서 제도는 2020년을 마지막으로 21년 만에 역사 속으로 사라지게 되었습니다.

자기주권 신원증명(Self-Sovereign Identity, SSI) 기술은 앞서 언급한 문제점들을 해결할 수 있는 ID 기술입니다. 자기주권 신원증명 기술의 신뢰성 있는 디지털 ID 발행 및 검증 방식은 온라인뿐만 아니라 기존 실물 ID와 인증서가 차지했던 대부분의 영역에서 사용할 수 있을 것입니다. 또한, 기존 ID 기술과는 달리 사용자의 주권하에 ID 중 필요한 정보만을 제공하는 등 프라이버시 보호를 위한 다양한 기능을 제공할 수도 있습니다.

개인적인 전망입니다만, 신뢰성 있는 ID 기술이 좀 더 발전하고 널리 알려진다면 세상에 큰 파급 효과를 가져올 수 있다고 생각합니다. 전 세계 어디에서든 간편하고 신뢰성 있게 검증할 수 있는 ID 기술로 국가 간의 장벽이 낮아진다면 경제적, 사회적, 문화적 파급 효과는 상당할 것으로 예상됩니다. 이 책은 아직 초기 단계에 불과한 자기주권 신원증명 기술의 발전과 활성화에 도움이 되고 싶은 마음으로 집필하였습니다. 여러분이 자기주권 신원증명 기술의 전문가가 될 수 있도록 이 책이 좋은 발판이 되었으면 합니다. 더 나아가, 우리나라의 ID 기술 발전에 조금이나마 이바지할 수 있다면 정말 기쁠 것입니다.

자기주권 신원증명이란?

기존의 신원 인증 기술은 중앙화된 구조를 바탕으로 사용자가 자신의 ID를 관리하는 중앙기관에 신원 인증 요청을 보내면 중앙기관이 사용자의 ID를 대신 인증해 주는, 즉 데이터의 주권을 중앙기관이 가지는 기술입니다. 이러한 구조에서는 사용자가 자신의 개인정보가 어떻게 사용되는지 알 수 없고, 중앙기관이 자신의 정보를 악용하더라도 사용자는 이를 알아채기 어렵습니다. 자기주권 신원증명은 탈중앙화 구조를 바탕으로 사용자가 직접 자신의 ID를 관리할 수 있는, 데이터의 주권을 ID 주인에게 부여하는 기술입니다. 사용자는 자신의 ID를 직접 제출하고 관리하는 권한을 가지며, 기존 ID 기술과는 달리 신분증에서 필요한 정보만 공개하거나 영지식 증명을 통해 정보를 공개하지 않고도 신원 인증이 가능하게 만드는 기술입니다.

자기주권 신원증명은 DID(Decentralized IDentifier, 탈중앙 식별자)와 VC(Verifiable Credential, 검증 가능한 신원증명) 기술을 사용하여 구현할 수 있습니다. DID는 블록체인과 같은 탈중앙화 구조의 저장소를 바탕으로 사람 혹은 사물을 식별하는 데 사용되는 식별자이고, VC는 신분증, 졸업증명서, 재직증명서 등과 같이 사용자가 자신의 신원을 인증하기 위해 사용하는 신원증명입니다.

자기주권 신원증명 기술은 현재 국내외에서 많은 관심을 두는 기술입니다. 행정안전부는 2020년 공무원증 개발을 시작으로 2022년까지 운전면허증을 자기주권 신원증명 기술 기반으로 대체할 예정이라고 발표했습니다. 국내 대기업, 통신사, 금융사 같은 기업들도 이니셜 DID 연합, DID 얼라이언스, 마이아이디 얼라이언스 등의 연합체를 구성하여 자기주권 신원증명 생태계 주도권 경쟁에 참여하고 있습니다. 특히, 최근 공인인증서 폐지로 인해 공인인증서를 대체할 기술로 자기주권 신원증명 기술이 급부상 중입니다. 당연히 IBM, 마이크로소프트 등 해외 유명 IT 기업들도 새로운 ID 기술로 자기주권 신원증명 기술을 맞이할 준비를 하고 있습니다.

이 책의 구성

이 책은 기존 ID 기술과 자기주권 신원증명 기술에 대한 간략한 설명(1장), DID 구조 분석(2장) 및 VC 구조 분석(3장), 자기주권 신원증명 인증 흐름(4장), Peer DID 구조 분석(5장), 자기주권 신원증명 구현을 위한 하이퍼레저 패브릭 플랫폼 구조 분석(6장)으로 구성되어 있습니다.

1장에서는 기존 ID 기술과 자기주권 신원증명 기술에 대해 전반적으로 설명합니다.

2장에서는 식별자와 인증 수단으로 사용되는 DID 및 DID document의 구성요소, DID의 소유권을 주장하기 위한 DID Auth 등에 관해 학습한 후, DID를 사용한 인증 흐름에 관해 자세히 알아볼 것입니다.

3장에서는 실제 사용자가 사용하는 ID인 VC의 데이터 모델과 구성요소에 관해 학습할 것입니다.

4장에서는 앞서 학습한 DID와 VC 기술을 바탕으로 DID 생성부터 VC 검증까지 자기주권 신원증명 기술의 전체적인 흐름에 관해 알아볼 것입니다.

5장에서는 서로 합의된 사용자 간에만 DID를 공유할 수 있는 Peer DID 기술의 구성요소와 관련 프로토콜에 관해 학습할 것입니다.

마지막으로, 6장에서는 자기주권 신원증명 구현을 위한 대표적인 플랫폼 중 하나인 하이퍼레저 인디(Hyperledger Indy) 플랫폼의 구조와 샘플 예제 코드를 통해 실제 자기주권 신원증명을 어떻게 개발할 수 있는지를 학습할 것입니다.

대상 독자

- 신분증 발행 및 검증 기술에 관심 있는 정부 및 공공기관 종사자
- Self-Sovereign Identity(SSI) 플랫폼 사업에 관심 있는 기업 종사자
- 새로운 ID 기술에 관심 있는 IT 전공 학생 및 개발자

집필 후기 및 감사의 글

작년 크리스마스 즈음에 집필하기 시작한 책이 드디어 완성됐습니다. 이번 책은 첫 책과 달리 마음에 여유도 갖고 천천히 쓰고 싶었지만, 퇴근 후에만 책을 쓰다 보니 결국 겨울과 봄이 훌쩍 지나가 버렸네요. 역시나 많은 노력을 기울였음에도 원고를 탈고하고 나니 아쉬움이 많이 남습니다. 부족하지만 이 책이 여러분이 자기주권 신원증명 기술에 한 발짝 더 다가갈 수 있는 입문 서적이 되면 좋겠습니다.

이 책은 많은 사람의 도움으로 탄생했습니다. 먼저, 원고를 멋진 책으로 편집해 주신 제이펍 출판사 관계자들께 감사드립니다. 편집 과정을 너무나 잘 도와주셨기 때문에 한층 더 완성도 있는 책을 출판할 수 있었습니다. 또한, 제가 ETRI 블록체인기술연구센터에 소속되지 않았다면 이 책은 세상에 나오지 못했을 겁니다. 특히, SSI 과제를 함

께 연구 중인 이현진 과제책임자님, 허환조 선임연구원님, 박기성 연구원님에게 기술적 조언을 많이 얻었습니다. 이 공간을 빌려 감사의 인사를 전합니다. 그리고 이렇게 좋은 직장에 입사하여 좋은 동료들을 만나기까지 저에게 물심양면 무한한 도움을 주신 부모님께 감사드립니다.

마지막으로, 항상 옆에서 힘이 되어 주고 휴가 중에도 책을 쓰고 공부하는 남편을 묵묵히 응원해 준 사랑하는 아내에게 고맙다는 말을 전합니다. 현재 코로나로 전 세계에서 가장 위험한 뉴욕 한가운데에서 의사로 일하며 사투를 벌이는 아내를 응원하는 마음으로 집필 후기 및 감사 인사를 마칩니다.

윤대근

추천사

박재현 _ 람다256 대표

'피싱'이나 '스파이웨어'를 통해 장기간 신원 정보를 수집하거나, 방대한 개인정보를 보유한 기업이나 정부 등의 데이터베이스에서 수십만 개의 신원 정보를 훔치는 등 지속해서 신원 정보 유출이 큰 사회 문제가 되고 있어 이를 막기 위한 다양한 노력이 진행 중입니다. 현재 신원 정보를 관리하는 방법으로는 기존의 중앙집중형 방식이나 OAuth처럼 제3의 제공자 방식 외에 블록체인 기반의 자기 주권 아이덴티티 모델인 DID가 주목을 받고 있습니다. DID는 개인정보를 보호하고 개인정보에 대한 주권을 실현할 수 있는 기반 기술입니다. DID와 관련된 공개 표준으로 W3C(World Wide Web Consortium)의 검증할 수 있는 자격증명(Verifiable Credential)과 DIDs(Decentralized Identifiers), OASIS의 탈중앙화된 키 관리 시스템, IETF(Internet Engineering Task Force), DIF(Digital Identity Foundation)의 DID Auth, 그리고 Sovrin 재단의 제3의 인증기관이 필요 없는 영구적인 아이덴티티 등이 있으며, DID 구현체로는 하이퍼레저 DID와 람다256 루니버스 DID 등 실제 이용 가능한 많은 구현체가 존재합니다. 이 책은 지난 과거의 인증 방법부터 블록체인 기반 DID까지의 신원 인증 기술을 자세히 설명하고 있습니다. 특히, 단순 DID의 개념이나 이론적인 설명뿐만 아니라 하이퍼레저 DID 과제를 소개함으로써 DID의 보다 실체적인 접근과 이해를 돕고 있습니다. 블록체인과 DID에 관심 있는 분들에게 일독을 권합니다.

정우현 _ 아톰릭스랩 대표 & 서울이더리움 밋업 운영자

DID는 블록체인의 강점이 잘 활용될 수 있는 영역 중의 하나로 최근 급격히 부상하고 있습니다. 중앙화된 주체가 운영하는 폐쇄적인 단일한 생태계 안에서만 통용되는 인증이 아니라, 이종의 네트워크와 분산화된 주체들에 상호 인증이 가능한 시스템의 구축은 한 단계 높은 수준의 디지털 경제로 진입할 수 있는 기반이 될 수 있습니다. 이 책은 DID 기반 자기주권 신원증명 시스템의 개요와 실제 구축 사례를 매우 체계적으로 정리했습니다. 특히, 많은 다이어그램을 사용해서 프로세스의 흐름과 각 구성요소를 이해하기 쉽도록 보여줍니다. 실제 플랫폼 분석 사례에서는 하이퍼레저 SSI의 전체 구성요소와 이들을 어떻게 활용해서 시스템을 구축할 수 있는지를 성적증명서, 재직증명서, 대출 신청 등의 사례 등을 통해 상세하게 보여줍니다. 기본적인 블록체인과 인증 시스템에 대한 이해가 있다면 어렵지 않게 DID 기반 자기주권 신원증명 시스템을 파악할 수 있을 것입니다. DID의 확산 여부는 결국 아이덴티티에 관련된 데이터와 프로세스에 대한 표준화, 그리고 이를 받아들여 사용하는 생태계의 크기에 의존하는 만큼 더욱 더 많은 참여자에 의한 상호운용성 증대가 매우 중요합니다. 이 책이 이러한 노력을 확산시키는 데 도움이 되기를 바랍니다.

심재훈 _ SSIMeetup Korea 운영자

디지털 변혁의 전환점에 서 있는 지금 자기주권 신원증명(Self-Sovereign Identity, SSI)은 디지털 신원증명의 해법으로 떠오르고 있습니다. 이 책은 자기주권 신원증명을 이해하는 데 필요한 기본적인 모든 요소를 마치 과외 선생님이 가르쳐 주듯 자세하고 친절히 설명하고 있습니다. 단순한 기술적 나열이 아닌, 실생활에서 쓰일 수 있는 예시를 포함함으로써 자칫 지루할 수 있는 기술 서적에 흥미를 불어넣고 있습니다. 그뿐만 아니라 실제로 개발된 하이퍼레저의 SSI 플랫폼도 상세히 설명하고 있어서 독자들의 이해를 한층 높여 줍니다. 자기주권 신원증명의 기술적 지식을 알고 싶은 이들에게 이 책을 추천합니다.

베타리더
후기

🦅 박재유(LG전자)

EU(유럽연합)의 개인정보보호법령(GDPR) 및 미국의 캘리포니아주 소비자 프라이버시 보호법(CCPA) 시행에 따라 온라인에서 신원을 확인하는 일에 기존보다 굉장히 세심한 주의를 기울일 필요가 생겼습니다. 이러한 상황에서 인증 기술에 블록체인을 접목한 SSI 적용은 상당한 묘책이 될 것입니다. 이 책을 통해 필수적인 암호학 배경지식부터 DID, 하이퍼레저 SSI에 이르기까지 다양한 예제를 통한 실전적 지식을 학습하시기 바랍니다. 국내외를 막론하고 SSI를 다룬 책은 거의 없는 것 같은데, 번역서도 아닌 저서가 상당히 빨리 출판된 것 같습니다. 오랜만에 베타리딩에 참여했는데 좋은 책을 읽게 되어 뿌듯했습니다.

🦅 육용수(코리아서버호스팅)

우리는 금융/통신사 회원가입 시 정말 많은 제3의 업체에 개인정보를 넘겨왔습니다. 이는 우리의 데이터 주권을 침해받았다고도 볼 수 있습니다. 다행히 블록체인이 등장했고, 데이터 3법이 통과되었습니다. 앞으로는 SSI를 통해 최소한의 정보만을 제공함으로써 우리의 개인정보를 보호할 수 있을 것입니다. 이 책은 SSI 구성요소와 플랫폼을 분석하고, 본인 인증 시 자주 마주치는 통신사의 DID 구조를 간접적으로나마 경험할 수 있는 책입니다.

🦅 윤주환(쿠팡)

개념이 익숙지 않아서인지 다소 어려웠습니다. 그래도 책을 읽으면서 조금씩 익숙해지
니 지금까지 개인정보보호에 사용되었던 인증 방법 문제를 해결하는 하나의 대안이 될
수 있겠다는 생각이 듭니다. 아무튼 개인정보보호 관련 기술이 대세로 올라오는 가운
데, 이 분야를 맛볼 수 있었던 것도 좋은 기회였습니다. 책이 출간되면 다시 한번 제대
로 읽고 싶습니다.

🦅 이현수(무스마기술연구소)

자기주권 신원증명(SSI)과 탈중앙 식별자(DID)라는, 정보 기술과 보안 분야의 새로운 기
술 키워드가 등장하였습니다. 이에 발 빠르게 관련 서적이 출간되었네요. 배워 두면 피
가 되고 살이 될 것 같아서 얼른 베타리딩을 신청하였는데, SSI와 DID의 구조를 잘 파
악할 수 있어서 좋았습니다.

🦅 황도영(하이퍼커넥트)

최근 주목받고 있는 기술인 자기주권 신원증명인 SSI를 명쾌하게 소개하는 책입니다.
다소 생소한 개념이지만, 여러 삽화와 흐름도, 그리고 예제 코드 등으로 독자의 이해를
돕고 있습니다. 인증과 블록체인에 관심이 있는 분이라면 흥미롭게 읽을 수 있을 것입
니다. 편집도 굉장히 깔끔하게 잘 되어 있고, 기술적인 내용도 다양한 코드(깃허브 코드
등), 인증 흐름도 등으로 잘 설명하고 있었습니다. 저자의 정성이 많이 들어간 책인 것
같습니다. 잘 읽었습니다.

제이펍은 책에 대한 애정과 기술에 대한 열정이 뜨거운 베타리더들로 하여금
출간되는 모든 서적에 사전 검증을 시행하고 있습니다.

SSI 개요

오늘날 우리는 발전된 과학 기술 속에서 편리한 삶을 누리고 있습니다. 예를 들어, 스마트폰의 발명으로 사람들은 언제 어디서나 인터넷에 접속하여 음악을 듣고, 정보를 검색하고, 동영상을 시청할 수 있습니다. 또한, 다가오는 인공지능 기술의 발전은 우리 삶을 더 편리하게 만들어 줄 것입니다. 하지만, 우리 삶에 굉장히 중요한 요소 중 하나는 이전 시대부터 큰 발전 없이 그대로 사용되고 있습니다. 무엇일까요? 바로 **ID(IDentity) 인증** 기술입니다.

ID의 속성은 이름, 나이, 성별, 주소 등 일반적인 정보뿐 아니라 취미, 좋아하는 음식, 애완견, 보유 중인 물건, 특정인과의 관계 등 자신과 관련된 모든 정보가 될 수 있습니다. 하지만, 현재 우리가 사용하는 주민등록증, 운전면허증, 여권 등의 ID는 우리 자신을 이름, 주소, 나이 등의 매우 한정된 정보로만 표현하고 있습니다. 프라이버시 보호를 위해, 필요한 ID 속성만 선택해서 인증하는 것 또한 불가능합니다. 예를 들어, 마트에서 술을 구매할 때 나이 증명을 하려면 주민등록증과 같은 신분증을 보여 줘야 합니다. 하지만, 신분증에는 나이뿐만 아니라 주민등록번호, 주소 등 매우 민감한 정보들도 포함되어 있습니다. 이러한 정보를 감춘 채 나이만을 증명하는 것은 현재의 신분증으로는 불가능합니다.

또한, 우리가 사용하는 ID는 서로 다른 ID 인증 체계 때문에 매우 한정된 공간에서만 그 효력을 발휘합니다. 운전면허를 예를 들면, 한국과 미국은 운전면허 발급 양식, 언어, 관리 시스템 등이 다르기 때문에 한국에서 발급받은 운전면허증을 미국에서 그대로 사용하지 못합니다. 비슷한 예로, 해외에서 발급받은 대학졸업증명서, 재직증명서 등의 ID 역시 한국에서 사용하려면 복잡한 공증 과정 등을 거쳐야 합니다.

SSI(Self-Sovereign Identity, 자기주권 신원증명)는 **블록체인**을 활용해 앞서 언급한 문제점들을 해결하는 데 도움을 주는, 최근 주목받고 있는 기술입니다. 이번 장에서는 SSI 기술이 기존 ID 인증 기술의 문제점들을 어떻게 해결할 수 있는지, 그리고 SSI 기술이 어떻게 구현될 수 있는지 알아보겠습니다.

1.1 오늘날의 ID 인증

SSI 기술을 소개하기에 앞서 오늘날 사용되는 ID 인증 기술을 간단하게 소개하고 넘어가겠습니다. ID에는 ID 사용자를 식별하기 위한 **식별자(Identifier)**, ID 사용자의 특징을 나타내는 **속성(Attribute)**, ID의 소유권을 확인하는 **인증 수단(Authentication method)**, ID 발행인을 확인할 수 있는 **발행인(Issuer)**이라는 4가지 구성요소로 이루어져 있습니다. 식별자는 누가 ID를 사용하는지 구분하기 위해 사용됩니다. 예를 들어, 우리나라 신분증에는 주민등록번호가 식별자로 사용되는데, 전산 시스템에 등록된 주민등록번호를 조회하면 누가 ID를 사용하는지 구분할 수 있습니다. ID 속성에는 ID 사용자의 특징이 나타납니다. 우리나라 신분증에서는 이름, 나이, 주소 등이 ID의 속성이 될 수 있습니다. 인증 수단은 ID의 소유권을 주장하기 위해 사용됩니다. 우리나라 신분증의 경우, 인증 수단으로 사진이 사용되고 있습니다. 신분증을 제출했을 때 검증하는 사람은 신분증의 사진과 실물을 비교하여 신분증의 주인이 맞는지 확인할 수 있습니다. 마지막으로, 발행인은 해당 ID를 누가 발행했는지 확인하기 위해 사용됩니다. 주민등록증, 운전면허증, 공인인증서 등과 같이 중요한 역할을 하는 ID일수록 발행인이 누구인지에 대한 여부가 중요해집니다.

ID

식별자(Identifier) ┄┄┄┄ 주민등록증

인증 수단
(Authentication method)

속성(Attribute) ┄┄┄┄ 윤 대 근
111111-1111111
대전광역시 유성구
행복동 행복아파트 101동 111호

2020. 1. 2.
대전광역시 유성구청장

발행인(Issuer)

● **ID 구성요소 예제**

이러한 ID 구성요소를 바탕으로 오늘날 사용되는 ID는 어떻게 개발되고 사용되는지 알아보겠습니다.

1.1.1 신분증

이번 절에서는 현실에서 사용되는 ID인 신분증을 한번 살펴보고 넘어가겠습니다. 신분증은 조선 시대 태종 때 호패라는 이름으로 백성들의 직업, 신분 등을 확인하기 위해 사용된 아주 오래된 ID입니다. 계급에 따라 양반들은 상아나 사슴뿔 등의 고급 재료로 만든 호패를 사용하였고, 평민들은 나무로 만든 호패를 사용했습니다.

● **조선 시대 때 신분증으로 사용된 호패(※출처: 한국민족문화대백과)**

잠시 다른 얘기로 넘어가서 조선 시대와 현대의 과학 기술 차이를 한번 비교해 보겠습니다. 장거리 이동을 위해 말 대신 자동차와 비행기 등을 타고, 정보를 교환하기 위해 편지를 쓰는 대신 컴퓨터와 스마트폰 등을 사용하는 것처럼 옛날과는 비교할 수 없을 정도로 비약적으로 기술이 발전했습니다. 반면, 우리 사회를 살아가는 데 필요한, 자신을 나타내는 중요한 수단인 신분증을 사용하는 방식은 어떨까요? 1968년, 정부에서 처음으로 12자리 주민등록번호가 적힌 주민등록증을 발급하였습니다. 이것을 시작으로 오늘날까지도 주민등록증은 일상에서 널리 사용되고 있습니다. 현재는 13자리 주민등록번호를 사용하고 있습니다. 하지만, 호패와 주민등록증의 기술적 차이는 신분증의 재질과, 종이로 기록하던 ID 관련 기록을 디지털 방식으로 변경한 정도의 차이밖에 없습니다.

● 주민등록증 예시(※출처: 행정안전부)

보안성 측면에서 오늘날의 신분증을 한번 생각해 봅시다. 만약 신분증을 분실한다면 어떻게 될까요? 조선 시대 호패와 마찬가지로 현대의 신분증에는 개인정보를 보호할 수 있는 보안 장치가 없습니다. 따라서 분실된 신분증을 획득한 누구나 신분증 주인의 이름, 나이 등의 개인정보 확인이 가능합니다. 위/변조 방지를 위한 몇 가지 보안 장치가 신분증에 내재되어 있지만, 다른 사람이 개인정보를 볼 수 없도록 하는 암호화 장치는 현재의 신분증 시스템에는 존재하지 않습니다.

유연성과 프라이버시 측면에서는 어떨까요? 우리가 사용하는 신분증은 이름, 나이, 생년월일 등 매우 한정적인 범위의 속성만을 증명할 뿐, 해당 신분증에 새로운 속성을 추가하거나 필요 없는 속성을 삭제해서 사용할 수는 없습니다. 예를 들어, 채용사에 입사 지원을 한다고 가정해 봅시다. 만약 신뢰성 있는 전자신분증 및 증명서를 사용한다면 지원자는 한번 발급받은 증명서를 여러 번 사용할 수 있을 것이고, 입사 지원 자격에 필요한 정보만을 추출해서 하나의 신분증 형태로 제출할 수 있을 것입니다. 하지만 오늘날의 ID 시스템에서는 입사 지원 때마다 각종 증명서를 발급받아서 제출해야만 하고, 자신의 민감한 정보가 모두 포함된 신분증 등을 아무런 보안 장치 없이 채용사에 제출해야만 합니다. 마트에서 주류를 구매할 때는 어떨까요? 나이 증명을 위해 주민등록번호, 주소 등 민감한 개인정보가 포함된 신분증을 종업원에게 보여 줘야 합니다. 스스로 다른 사람에게 개인정보를 유출하고 있는 셈입니다.

지역별로 ID 시스템이 모두 다르기 때문에 상호운용성 또한 매우 제한적입니다. 우리나라에서 발급받은 신분증을 국외에서 사용할 수 없습니다. 왜냐하면 우리나라와 외국은 서로 다른 ID 인증 체계를 사용하고 있어서 우리나라 신분증을 검증할 수 있는 수단이 없기 때문입니다. 국외에서 ID를 인증하기 위해 여권을 사용할 수 있지만, 인증 및 발급 절차가 복잡하고 시간이 오래 걸리는 등 ID를 사용하기 위한 비용이 많이 소모됩니다. 예를 들어, 취업을 위해 채용사에 ID를 제출해야 한다고 가정해 봅시다. 자국민이라면 주민등록번호 등의 식별자를 사용하여 해당 국가 내에서 쉽게 ID를 조회할 수 있습니다. 하지만 외국인이라면 ID의 진위를 파악하기 위해 각 나라의 여권 시스템 및 구조를 잘 알고 있어야 하고, 필요하다면 해당 국가와의 협조를 통해 인증해야 할 것입니다. 이러면 당연히 자국의 ID를 인증하는 것보다 훨씬 더 많은 시간과 비용이 소모되겠죠!

마지막으로, 제어성 측면에서는 어떨까요? 앞서 유연성과 프라이버시 측면에서 언급한 것처럼 우리는 ID 인증을 위해 불필요한 정보까지 모두 제출해야 하는 경우가 많습니다. 예를 들어, 마트에서 술을 구매하기 위해 주민등록증을 보여줄 때 주민등록번호와 같은 민감한 개인정보까지 모두 보여 줘야 합니다. 스스로 신분증을 수정하여 제출하는 것은 불가능하죠.

이처럼 오늘날 사용되는 신분증은 여러 불편함과 문제점이 내재되어 있습니다. 그렇다면 SSI 인증 시스템에서는 이러한 점들이 어떻게 개선될 수 있는지 1.2절에서 알아보겠습니다.

1.1.2 SSO

앞에서는 현실에서 사용되는 ID 기술에 관해서 알아보았습니다. 이번 절에서는 온라인에서 많이 사용되는 ID 기술, **SSO(Single Sign On, 통합 로그인)**에 대해서 알아보겠습니다.

SSO를 공부하기 앞서 먼저 온라인 ID 기술을 간단하게 알아보겠습니다. 온라인 ID 기술도 현실의 것과 크게 다르지 않습니다. 신분증을 발급받기 위해 주민센터를 방문하는 대신, 사용하고 싶은 웹사이트에 회원가입을 합니다. 회원가입은 식별자로 사용될 ID와 인증 수단으로 사용될 PW를 입력한 후에 이름, 나이, 직장 등 웹사이트에서 요구하는 ID 속성을 입력하면 완료됩니다. 예를 들어, 다음 그림과 같이 웹사이트를 이용하기 위해서는 먼저 회원가입을 합니다. 회원가입을 위해 사용자의 ID 속성으로 개인정보를 입력하고 식별자로 사용될 ID는 myID로, 인증 수단으로 사용될 PW는 1234를 입력합니다. 사용자의 회원가입 정보를 수신한 웹사이트는 자신의 회원관리 시스템에 사용자 ID 정보를 입력합니다. 이후 A 웹사이트에 ID와 PW를 사용해 로그인하면, A 웹사이트는 식별자인 myID를 회원관리 시스템으로 검색하여 윤대근, 33세, 연구원에 재직 중인 ID 속성을 가진 사람이 로그인했음을 확인합니다.

● **웹사이트 ID 생성 개념도**

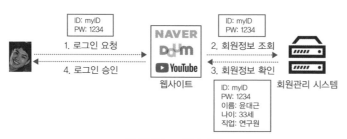

● **웹사이트 ID 인증 개념도**

만약 다수의 웹사이트를 이용하고 싶다면, 사용자는 각각의 웹사이트마다 번거로운 회원가입 절차를 밟아야만 하고 다수의 로그인 정보를 일일이 관리해야 합니다. 이러한 불편을 덜어주기 위해 개발된 기술이 바로 **SSO(Single Sign On)**입니다. SSO란, **IdP(Identity Provider)** 웹사이트의 회원정보를 이용해서 **RP(Relying Party)** 웹사이트로 회원가입 혹은 로그인할 수 있는 기능을 말합니다. 다들 한 번쯤은 사용해 봤을 법한 기술일 겁니다. 다음 그림은 여행 서비스 제공 웹사이트인 익스피디아의 화면입니다. 화면을 보면 회원가입을 위해 사용자 정보를 모두 작성하는 대신, 기존에 가지고 있는 페이스북 혹은 구글 계정으로 간편하게 가입이 가능하다는 걸 알 수 있습니다. 이때 IdP는 구글이고, RP는 익스피디아가 되겠습니다.

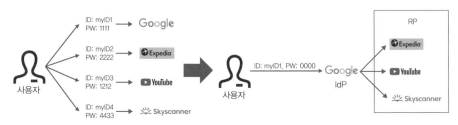

● **SSO 로그인 개념도**

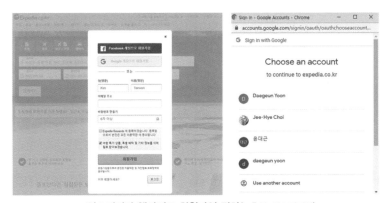

● **익스피디아 웹사이트 회원가입 절차**(※출처: 익스피디아)

SSO를 구현하기 위한 프로토콜은 여러 가지가 있습니다. 대표적인 방법으로 OAuth (Open Authorization), SAML(Security Assertion Markup Language), JWT(Json Web Token)

등이 있는데, 이 책에서는 OAuth에 대해서만 간략하게 다루겠습니다. 다음 그림은 OAuth를 통해 구현된 SSO 방식을 보여 주고 있습니다. 사용자는 (1)IdP인 구글 ID를 사용해서 RP인 유튜브에 로그인을 시도합니다. (2)그럼, 유튜브는 사용자의 웹 화면을 구글 로그인 화면으로 리다이렉트시킵니다. (3)(4)사용자가 구글로 리다이렉트된 화면에서 로그인을 정상적으로 수행하면 구글은 사용자에게 구글에 저장된 자신의 정보를 얼마나 확인할 수 있는지 명시된 Access 토큰을 발행합니다(예를 들어, IdP에 사용자의 ID, PW, 이름, 나이, 주소 등 5가지 정보가 저장되어 있을 시 Access 토큰을 가진 RP가 IdP로부터 ID, 이름, 나이만 제공받도록 토큰을 생성할 수 있습니다). (5)(6)그러고서 사용자가 Access 토큰을 유튜브에 전달하면 유튜브는 Access 토큰을 다시 구글로 전달하면서 사용자 정보를 요청합니다. (7)구글은 Access 토큰을 확인한 후 Access 토큰에 명시된 만큼의 사용자 정보만 유튜브에 전달합니다. (8)마지막으로, 유튜브는 구글로부터 받은 사용자 정보를 확인한 후에 사용자의 로그인을 수락합니다.

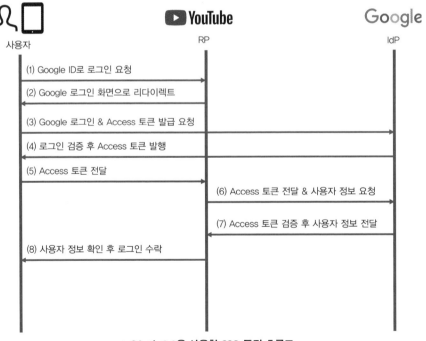

● **OAuth 2.0을 사용한 SSO 동작 흐름도**

제어성과 보안성 측면에서 OAuth 기반의 SSO 시스템을 한번 생각해 봅시다. 앞 절에서 예시로 사용한 신분증의 경우, 주인이 필요할 때 신분증을 직접 제출하기 때문에 자신이 신분증에 대한 제어성을 어느 정도 가지고 있습니다. 하지만, SSO 예제에서는 구글에 저장된 사용자 정보를 열람할 수 있는 권한의 토큰을 유튜브에 전달하고, 실제 사용자 정보는 사용자가 아닌 구글이 유튜브에게 전달합니다. 즉, 자신의 ID 정보를 자신이 전달할 수 없고 구글과 같은 IdP의 보안 시스템이 대신 전달해야 합니다. 만약 방대한 양의 회원정보를 가진 IdP 중 악의적인 IdP가 사용자 개인정보를 무단으로 사용한다면, 일반 사용자는 이를 막을 방법이 있을까요? 실제 오늘날에는 불법 개인정보 유출이나 거래가 끊임없이 발생합니다. 페이스북은 2018년 초 약 8,700만 명의 개인정보를 유출한 바 있고, 구글은 2019년 비밀리에 미국 환자 수백만 명의 개인정보를 수집하고 불법 유출한 사실이 드러났습니다.

이처럼 오늘날 사용되는 온라인 ID 인증 기술에는 여러 문제점이 내재되어 있는데, 이러한 문제점을 SSI 기술을 통해 어떻게 개선할 수 있는지 1.2절에서 알아보겠습니다.

1.1.3 디지털 인증서

만약 온라인에서 민감한 정보를 주고받을 때 암호화 기법이 적용되지 않는다면, 신분증과 마찬가지로 해커가 중간에서 통신을 가로챈 후 사용자의 민감한 정보를 모두 도청할 수 있습니다.

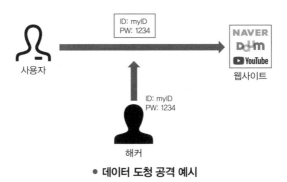

● 데이터 도청 공격 예시

이러한 점을 방지하기 위해 온라인에서는 **대칭키, 비대칭키** 암호화 기반의 **디지털 인증서**가 사용됩니다. 대칭키 암호화는 동일한 두 개의 키 쌍을 사용해서 암호화/복호화를 수행하고, 비대칭키 암호화는 서로 다른 두 개의 키 쌍인 공개키와 비밀키를 사용해서 암호화/복호화를 수행합니다. 그리고 디지털 인증서를 이용하면 서로 간에 신뢰성 있는 키 교환을 할 수 있습니다. 그럼, 지금부터 대칭키와 비대칭키, 디지털 인증서를 이용하여 어떻게 인증을 수행하는지 알아보겠습니다.

대칭키

대칭키 방식에서는 **동일한** 키를 사용해서 암호화와 복호화를 수행합니다. 다음 그림과 같이 사용자와 웹사이트가 대칭키를 이용하여 암호화 통신을 한다고 가정해 보겠습니다. 웹사이트는 대칭키를 생성한 후 사용자와 대칭키를 안전한 방법으로 공유해야 합니다(대칭키를 공유하는 방법은 SSL/TLS 절에서 확인할 수 있습니다). 이후 공유한 대칭키를 이용하여 데이터를 암호화한 후 사용자에게 전송합니다. 암호화된 데이터를 수신한 사용자는 웹사이트와 공유 중인 대칭키를 이용하여 암호화된 데이터를 복호화할 수 있습니다. 웹사이트와 사용자 간 암호화된 데이터는 서로 간의 공유된 대칭키가 있어야만 복호화를 할 수 있기 때문에 해커가 중간에서 내용을 도청한다고 하더라도 공유된 대칭키가 없는 한 데이터의 내용을 알 수 없습니다.

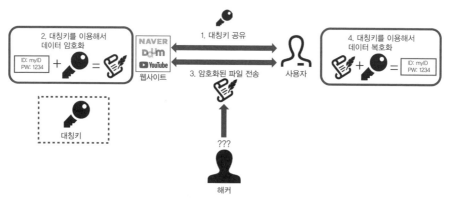

● **대칭키를 이용한 암호화 방식**

만약 해커가 대칭키를 공유하는 과정에서 대칭키를 탈취할 수 있다면 어떻게 될까요? 해커는 탈취한 대칭키를 이용하여 암호화된 데이터의 내용을 모두 알 수 있습니다. 이러한 문제점을 보안하기 위해 비대칭키와 SSL/TLS 방식이 등장했습니다.

비대칭키

비대칭키 방식에서는 **비밀키**(Private Key), **공개키**(Public Key)라 불리는 서로 다른 키 쌍을 사용해서 암호화와 복호화를 수행합니다. 비대칭키를 잘 이해하고 싶다면 아래 3가지를 잘 기억한 후 다음에 나오는 설명을 확인하기 바랍니다.

- 공개키는 외부에 공개할 수 있고, 비밀키는 주인이 안전하게 보관해야 하며 절대 유출해선 안 된다.
- 비밀키로 암호화를 수행하면 데이터 송신자에 대한 **사용자 인증**이 가능하다.
- 공개키로 암호화를 수행하면 **데이터 암호화**가 가능하다.

그럼, 공개키와 비밀키를 이용해서 어떻게 사용자 인증과 데이터 암호화를 구현하는지 알아보겠습니다. 먼저, 다음 그림을 통해 사용자 인증 방식을 알아보겠습니다. 웹사이트는 자신의 비밀키를 이용해 전송할 데이터를 암호화한 후 암호화된 파일을 사용자에게 전송합니다.

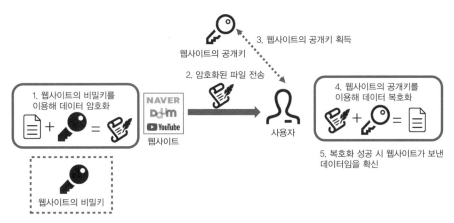

● **공개키와 비밀키를 이용한 사용자 인증 방식**

웹사이트의 비밀키로 암호화된 데이터는 오직 웹사이트의 공개키를 이용해서만 복호화할 수 있습니다. 또한, 웹사이트의 공개키는 오직 웹사이트의 비밀키로 암호화된 데이터만 복호화할 수 있습니다. 그리하여 만약 사용자가 수신한 데이터가 웹사이트의 공개키로 복호화되지 않는다면 해당 데이터는 웹사이트가 보낸 것이 아니게 됩니다. 사용자는 사전에 획득한 웹사이트의 공개키를 이용해 암호화된 데이터를 복호화한 후 데이터 복호화가 정상적으로 수행된다면 해당 데이터는 웹사이트가 보냈다는 것을 확신할 수 있습니다. 내용이 조금 헷갈릴 수도 있지만 앞으로 배울 SSI 기술을 이해하기 위해서는 정말 중요한 내용이기 때문에 차근차근 읽고서 꼭 이해하고 넘어가 주기를 바랍니다.

다음으로, 데이터 암호화 방식을 알아보겠습니다. 앞의 그림과 비슷한 듯 다른 다음 그림은 데이터를 암호화하는 방식을 보여줍니다. 앞의 예제와는 반대로 사용자가 웹사이트에게 데이터를 암호화해서 전송하는 예제입니다. 만약 사용자가 오직 웹사이트만 볼 수 있는 데이터 파일을 전송하고 싶다면 어떻게 해야 할까요? 우선, 사용자는 웹사이트의 공개키를 획득한 후 웹사이트의 공개키를 이용해서 데이터를 암호화합니다. 웹사이트의 공개키로 암호화된 데이터는 웹사이트의 비밀키를 이용해서만 복호화할 수 있습니다. 사용자가 웹사이트에게 암호화된 데이터를 전송하면 웹사이트는 자신의 비밀키를 이용하여 데이터를 복호화한 후 데이터 내용을 확인할 수 있습니다.

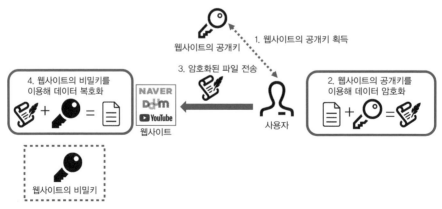

● 공개키와 비밀키를 이용한 데이터 암호화 방식

다음 그림과 같이 악의적인 해커가 네트워크 중간에서 암호화된 데이터를 도청한다고 하더라도 웹사이트의 비밀키가 없기 때문에 도청한 데이터의 내용을 확인할 수 없습니다.

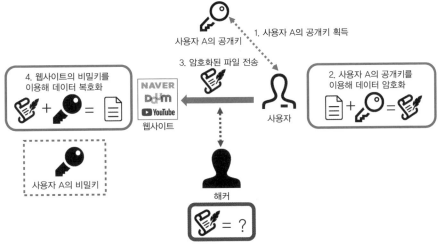

● 해커가 암호화된 데이터를 도청할 경우

정리하자면, 공개키와 비밀키를 이용해 암호화를 수행하면 다음과 같은 2가지 방식의 네트워크 보안이 가능합니다.

- 비밀키를 이용해 암호화를 수행하면 사용자 인증을 할 수 있습니다.
- 공개키를 이용해 암호화를 수행하면 원하는 상대에게만 데이터를 공개할 수 있습니다.

Hash

바로 이어지는 절에서 공부할 SSL/TLS 프로토콜을 이해하기 위한 중요한 개념인 **Hash 함수**에 관해서 설명하고 넘어가겠습니다. 해시 함수는 어떠한 길이의 메시지를 입력값으로 넣더라도 고정된 길이의 결괏값을 반환합니다. 예를 들면, 다음과 같이 sha256이란 해시 함수에 어떠한 길이의 메시지를 입력해도 256비트의 결괏값을 반환합니다(결괏값으로 64개의 16진수 값이 출력되었는데, 1개의 16진수 값은 4비트로 표현되기 때문에 총 256비트 크기의 결괏값이 출력된 것입니다).

● **sha256 해시 함수 예**

```
sha256(a)   = ca978112ca1bbdcafac231b39a23dc4da786eff8147c4e72b9807785afee48bb
sha256(abc) = ba7816bf8f01cfea414140de5dae2223b00361a396177a9cb410ff61f20015ad
```

해시 함수는 누구에게나 공개된 함수이기 때문에 누가 사용하든지 sha256 함수에 a 혹은 abc를 입력하면 위와 동일한 결과를 출력합니다. 또한, 해시 함수의 입력값이 조금만 달라져도 전혀 다른 출력값을 반환합니다. 그래서 sha256(a)의 출력값은 알 수 있지만, 반대로 출력값을 통해 어떤 입력값이 사용됐는지는 알 수 없습니다(위와 같이 단순한 입력값에 대한 결괏값은 쉽게 알 수 있겠지만, 복잡한 데이터의 해시값은 데이터를 소유한 사람이 아니면 알 수 없습니다). 이와 같은 특성 때문에 Hash 함수를 일방향 함수(one-way function)라고 부릅니다.

현실에서 계약서 등을 작성할 때 자신이 직접 작성했다는 것을 인증하기 위해 마지막에 서명을 하죠? 온라인 세계에도 이와 같은 서명 기법이 있는데, 바로 Hash 함수를 이용해서 **디지털 서명**을 생성할 수 있습니다. 디지털 서명에 대해서는 다음 절에서 배울 SSL/TLS 프로토콜과 함께 알아보겠습니다.

SSL/TLS

앞 절에서 비대칭키(공개키와 비밀키)를 이용한 암호화 과정을 배웠는데, 비대칭키만 이용해서 암호화를 수행하면 보안에 취약해집니다. 예를 들어, 다음 그림을 보면 웹사이트와 해커 모두 사용자에게 자신이 웹사이트라고 주장합니다. 만약 사용자가 잘못된 경로를 통해 해커의 공개키를 웹사이트의 공개키로 착각해서 사용하면 어떻게 될까요? 이럴 경우 사용자는 웹사이트가 보내는 데이터 대신 해커가 보내는 데이터를 웹사이트가 보냈다고 믿게 됩니다.

위와 같은 경우를 방지하기 위해 **CA(Certificate Authority, 인증기관)**라고 부르는 인증 노드를 활용한 **SSL/TLS** 프로토콜을 사용하게 되는데, CA와 SSL/TLS 프로토콜이 어떤 역할을 하는지 알아보고 넘어가겠습니다.

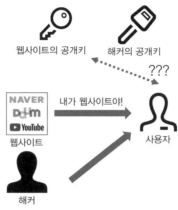

● **공개키의 출처를 확인할 수 없음**

다음 그림은 SSL/TLS 프로토콜 통신 과정을 보여 주고 있습니다. 제가 봐도 그림이 다소 복잡한데, 과정을 하나하나 분리해서 살펴본다면 그리 어렵지 않을 것입니다.

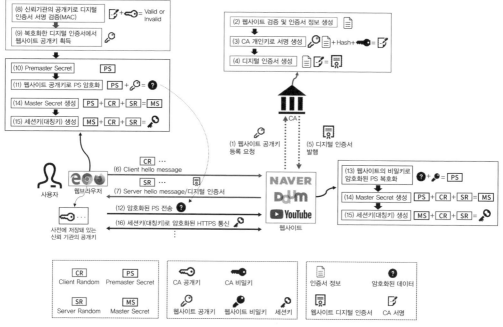

● **SSL/TLS 프로토콜 동작 흐름도**

먼저, 다음 그림을 통해 웹사이트와 CA 간 통신 과정을 알아보겠습니다. 웹사이트는 자신의 공개키를 다른 사람이 사칭할 수 없도록 신뢰할 수 있는 기관에 인증받고 싶어

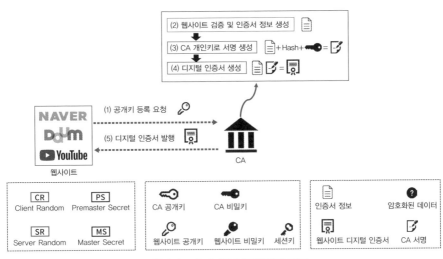

(2) 웹사이트 검증 및 인증서 정보 생성

(3) CA 개인키로 서명 생성 + Hash+ =

(4) 디지털 인증서 생성 =

(1) 공개키 등록 요청

(5) 디지털 인증서 발행

NAVER
Daum
YouTube
웹사이트

CA

CR — Client Random   PS — Premaster Secret
SR — Server Random   MS — Master Secret

CA 공개키   CA 비밀키
웹사이트 공개키   웹사이트 비밀키   세션키

인증서 정보   암호화된 데이터
웹사이트 디지털 인증서   CA 서명

● **웹사이트의 디지털 인증서 발행 과정**

합니다. 잠시 현실 세계의 예를 들어 봅시다. 제가 누군가에게 고가의 미술품을 판다고 가정해 보겠습니다. 미술품에는 가짜가 참 많은데, 고가의 미술품을 팔려면 세계적으로 신뢰할 수 있는 미술품 감정 기관에 감정을 받아야 합니다. 감정 기관은 미술품이 진품인 것을 확인하면 이 미술품은 진품이라는, 감정 기관의 서명이 포함된 감정서를 미술품 주인에게 제공합니다. 마찬가지로 웹사이트의 공개키도 신뢰할 수 있는 기관이 운영하는 CA에 의해 해당 공개키가 웹사이트의 것이라는 것을 인증받을 수 있습니다. 이를 위해 먼저 (1) 웹사이트는 자신의 정보와 공개키를 CA에 제출합니다. (2) 그럼, CA는 웹사이트가 제출한 정보를 검증한 후 올바른 웹사이트라고 판단되면 웹사이트의 정보가 포함된 인증서 정보를 생성합니다. (3) 이후 CA는 자신의 비밀키를 사용하여 웹사이트의 공개키가 포함된 인증서 정보에 대한 **디지털 서명**을 생성합니다. 디지털 서명을 생성하는 방식은 다음과 같습니다.

① 인증서 정보 해시
② ①의 결괏값을 CA의 비밀키로 암호화

②의 결괏값이 바로 CA의 디지털 서명입니다. (4)CA의 디지털 서명을 인증서 정보에 추가하면 **디지털 인증서**가 완성됩니다. (5)마지막으로, CA는 웹사이트의 공개키 및 정보와 CA의 서명이 포함된 디지털 인증서를 웹사이트에게 발행합니다.

● **X.509 디지털 인증서 예시**

Certificate Format Version	인증서의 버전 정보 표시(현재는 version3까지 있음)
Certificate Serial Number	인증서를 구분하는 시리얼 번호(최대 20octet)
Signature Algorithm Identifier for CA	CA가 서명할 때 사용하는 알고리즘(version3은 SHA-256 with RSA 사용)
Issuer X.500 Name	디지털 인증서를 생성한 CA의 정보
Validity Period	인증서 유효기간의 시작일과 만료일
Subject X.500 Name	인증서 사용자 정보
Subject Public Key Information	인증서 주인(웹사이트)의 공개키
Extension(s)(V3)	인증서의 추가적인 정보와 정책(version3에서 사용 가능)
CA Signature	CA의 서명

웹사이트는 이제 신뢰할 수 있는 CA의 비밀키로 서명된 디지털 인증서가 생겼으니 웹서비스를 시작할 수 있습니다. (6)사용자는 다음 그림과 같이 웹브라우저를 통해 웹사이트에 접속합니다. 이때 웹브라우저는 'Client hello'라는 메시지를 전송합니다. Client hello 메시지에는 향후 통신에 사용될 세션키(대칭키) 생성에 필요한 **CR(Client Random)**이 포함되어 있습니다. CR의 용도에 대해서는 이후 절차에서 좀 더 자세히 설명하겠습니다.

(7)웹사이트는 'Client hello'에 대한 응답으로 'Server hello'와 웹사이트의 디지털 인증서를 사용자에게 전송합니다. 마찬가지로 'Server hello'에는 향후 세션키 생성에 필요한 **SR(Server Random)**이 포함되어 있습니다.

> **NOTE**
>
> 'Client hello'와 'Server hello' 메시지에는 각각 CR과 SR 외 암호화 방식 등 다양한 정보가 포함되어 있지만, 이 책에서는 CR과 SR만을 참고하여 설명하겠습니다.

(8) 웹사이트의 디지털 인증서를 수신한 사용자 웹브라우저는 디지털 인증서에 포함된 CA의 서명을 검증하여 신뢰할 수 있는 CA가 인증서 내용을 보증해 주는지에 대한 진위를 판단합니다. CA 서명 검증 방식은 다음과 같습니다.

① 웹브라우저는 CA의 공개키를 획득합니다(대부분의 웹브라우저에는 신뢰성 있는 CA의 공개키가 내재되어 있습니다).

② 획득한 CA의 공개키를 이용하여 인증서에 포함된 서명을 복호화합니다. 즉, 앞서 설명한 디지털 서명 생성 방식의 ② 값을 공개키로 복호화하는 것이죠. 결괏값으로는 인증서 정보의 해시값이 나옵니다.

③ 다음으로, 사용자는 디지털 인증서의 인증서 정보를 CA가 사용했던 것과 동일한 해시 함수를 사용해서 해시합니다. CA가 사용한 해시 함수는 인증서 정보에 명시되어 있습니다.

④ 마지막으로, ②와 ③이 동일한 결괏값을 출력한다면 해당 디지털 인증서는 신뢰할 수 있는 CA에 의해 검증된 디지털 인증서라고 할 수 있습니다.

> **NOTE**
>
> (8) 과정에서 ②와 ③이 다른 값이 나온다는 것은 어떤 의미일까요? ②는 오직 신뢰할 수 있는 CA의 개인키로만 암호화된 인증서 정보의 해시값입니다. 그리고 ③은 사용자가 받은 인증서 정보를 직접 해시한 값이죠. ③이 ②와 다르다는 뜻은 사용자가 수신한 웹사이트의 디지털 인증서가 신뢰할 수 있는 CA에 서명되지 않은, 신뢰할 수 없는 데이터라는 의미가 됩니다.

> **NOTE**
>
> 데이터를 해시하면 고정된 길이의 결괏값을 출력한다고 했죠? 메시지 길이가 다양한 인증서 정보를 고정된 해시값을 통해 처리하면 데이터의 길이가 일괄적이므로 서명 등의 작업을 수행하기가 훨씬 수월해집니다.

다음으로, 신뢰할 수 있는 CA가 웹사이트로부터 받은 디지털 인증서를 보증했다는 것을 확인하면 (9) 디지털 인증서로부터 웹사이트의 공개키를 획득합니다. 웹사이트의 공개키는 추후 사용자와 웹사이트 간의 실제 통신에 사용되는 동일한 세션키(대칭키) 생성을 위한 암호화 용도로 사용됩니다.

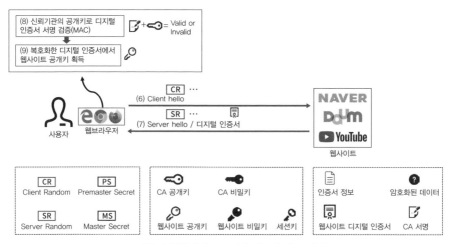

● **사용자의 웹사이트 디지털 인증서 획득 과정**

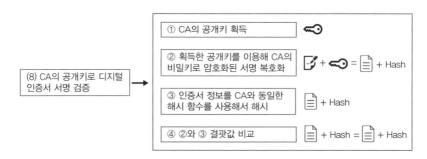

● **웹사이트 디지털 인증서 검증 과정**

다음으로, 사용자와 웹사이트는 통신에 사용할 **세션키**(대칭키)를 생성하기 위해 (10) **PS (Premaster Secret)와 MS(Master Secret)**를 생성합니다. 먼저, 클라이언트가 안전한 난수 생성 함수를 사용하여 46바이트의 난수를 생성하고, 현재 자신이 사용 중인 프로토콜 버전(2바이트)을 추가하면 48바이트의 길이를 가진 PS가 생성됩니다. (11)(12)이후 생성한 PS를 앞서 취득한 웹사이트의 공개키로 암호화하여 웹사이트에 전송합니다(웹사이트의 공개키로 PS를 암호화했으니 해당 PS는 웹사이트만 볼 수 있겠죠?). (13) 웹사이트는 자신의 공개키로 암호화된 데이터를 자신의 비밀키로 복호화하여 PS를 획득합니다. (14) PS가 무사히 교환되면 사용자와 웹사이트는 앞서 교환했던 CR과 SR을 PS와 합쳐서 MS를 생성합니다. (15) 마지막으로, 다시 MS와 CR, SR을 합친 세션키를 생성하면 (16) 사용자와 웹사이트 간에 동일한 세션키를 공유하게 되고, 이 세션키를 이용해서 서로 암호화된 통신을 할 수 있습니다.

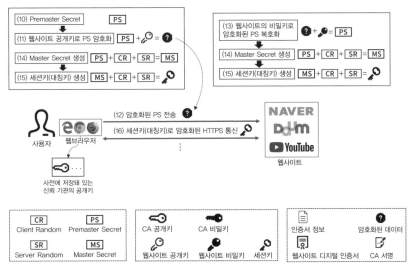

● **사용자와 웹사이트 간의 암호화 통신을 위한 대칭키 교환 과정**

다음 그림과 같이 웹사이트 좌측 상단의 자물쇠 아이콘을 클릭하면 SSL/TLS 통신 여부와 인증서를 확인할 수 있습니다. SSL/TLS 프로토콜을 사용하고 있는 웹사이트 주소는 https로 시작하는 도메인 주소를 사용합니다(혹시 주소창에 https://www가 보이지 않는다면 주소창을 두 번 클릭하면 볼 수 있습니다).

● 디지털 인증서 확인

드디어 복잡했던 SSL/TLS 프로토콜 설명이 끝났습니다. 다음으로, 디지털 인증서가 가진 문제점들을 한번 살펴보겠습니다. 만약 전 세계 온라인 통신의 안전성을 책임지는 CA의 보안이 취약하다면 CA의 디지털 인증서를 사용하는 많은 사용자들 또한 보안이 취약해집니다. 실제 2017년, CA를 운영하는 대표적인 기업인 S사는 다수의 디지털 인증서를 부정 발급한 사실이 감사를 통해 밝혀졌습니다. 이를 계기로 구글은 S사의 디지털 인증서를 더 이상 신뢰하지 않게 되었죠. 또 다른 대표적인 CA 운영 기관인 L사는 같은 해, 결제 서비스 페이팔을 피싱(phishing)하는 악성 웹사이트에 디지털 인증서를 발급하기도 했습니다(즉, 신뢰할 수 있는 CA 운영기관인 L사가 악성 웹사이트의 안전성을 보증해 준 것이죠).

1.2 SSI 인증

SSI(Self-Sovereign Identity, 자기주권 신원증명)는 오늘날의 ID 기술의 부족한 부분을 개선하기 위한 기술입니다. 이번 절에서는 SSI 플랫폼의 기반 기술이 되는 블록체인의 기초적인 개념, 그리고 SSI를 사용한 ID 기술은 오늘날의 ID 기술에 비해 어떤 장점과 특징을 가지는지, SSI를 구현하기 위해 어떤 기술들이 사용되는지, 그리고 하이퍼레저 재단에서 활발하게 개발 중인 SSI 프로젝트는 무엇인지 간략하게 소개하고 넘어가겠습니다.

1.2.1 블록체인 기초

대부분의 SSI 플랫폼은 블록체인 기술을 기반으로 개발됩니다. SSI 기술을 소개하기에 앞서 블록체인 기술이 생소한 분들을 위해 이번 절에서는 블록체인에 대한 기초 개념을 잠시 설명하겠습니다.

분산원장(Distributed Ledger)은 블록체인을 구성하는 가장 중요한 요소 중 하나입니다. 분산원장이란, 블록체인을 탈중앙화된 시스템으로 만들어주는 핵심 기술입니다. 거래 기록 등의 데이터를 저장하는 데이터베이스(원장)를 중앙화된 서버가 소유하는 것이 아니라, 블록체인에 참여하는 모든 사람이 동일한 원장을 소유하고 관리하는 기술을 일 컫습니다. 기존의 시스템에서는 동일한 목적의 네트워크에서도 사용자마다 서로 다른 원장에 정보를 기록하고 관리해야 했습니다. 예를 들어, A 은행을 이용하는 고객들은 각각의 서로 다른 고유한 계좌(원장)를 가지고 금융 정보를 기록하는 반면, 다들 잘 알 고 있는 비트코인, 이더리움 등과 같은 블록체인 플랫폼에서는 모든 사용자에 대한 거 래 기록이 하나의 비트코인, 이더리움 원장에 전부 기록되는 것입니다.

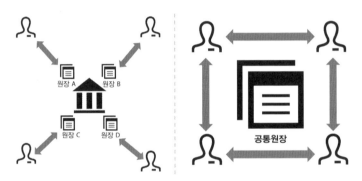

● 오늘날 비즈니스 네트워크 vs. 블록체인 비즈니스 네트워크

블록체인 분산원장의 또 다른 특징은 모든 정보가 암호화되어 Append-only 방식으로 만 원장에 저장되기 때문에 한 번 원장에 기록된 정보는 절대 수정할 수 없다는 점입니 다. 이와 같은 **불가변성(immutability)**의 특성은 블록체인 데이터에 대한 악의적인 변조를 불가능하게 만들어서 데이터에 대한 신뢰도를 향상시켜 주는 역할을 하게 됩니다.

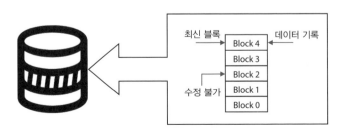

● 블록체인의 Append-only 저장 방식

블록체인 참여자는 **스마트 컨트랙트(Smart Contract, 스마트 계약)**를 통해서 분산원장에 정보를 기록하거나 불러올 수 있습니다. 또한, 스마트 컨트랙트를 이용하여 단순히 거래 정보를 읽고 쓰는 것뿐만 아니라 프로그래밍을 통해 다양한 애플리케이션을 만들 수도 있습니다. 예를 들어, 그룹 공동 명의의 계좌를 만들어서 특정 인원 수 이상의 서명이 있어야 잔액을 출금할 수 있는 기능이나, 데이터 무결성 확인을 위해 블록체인에 저장된 데이터와 사용자가 수신한 데이터를 비교하는 기능 등을 스마트 컨트랙트를 통해 구현할 수 있습니다. 이처럼 스마트 컨트랙트를 통해 개발된 애플리케이션을 **분산 애플리케이션(Decentralized Application, DApp)**이라고 합니다.

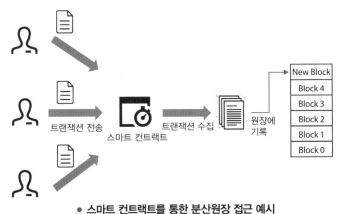

트랜잭션 전송　　스마트 컨트랙트　　트랜잭션 수집　　원장에 기록

New Block
Block 4
Block 3
Block 2
Block 1
Block 0

● 스마트 컨트랙트를 통한 분산원장 접근 예시

마지막으로, **합의(Consensus)**에 관해서 간단하게 설명하겠습니다. 블록체인에 참여하는 모든 사람이 동일한 원장을 소유해야 한다고 설명했습니다. 이러한 조건을 만족시키기 위해 비트코인과 이더리움에서는 블록체인에 참여한 모든 노드 중 암호화된 퍼즐의 답을 가장 먼저 찾아내는 노드의 블록을 최신 블록으로 업데이트하는 PoW(Proof of Work, https://en.wikipedia.org/wiki/Proof_of_work) 합의 방식을 사용합니다. 이오스(EOS)는 블록체인 참여자가 21명의 블록 생성자를 선출하여 선출된 블록 생성자가 최신 블록을 생성하는 DPoS(Delegated Proof of Stake, https://eos.io/news/dpos-bft-pipelined-byzantine-fault-tolerance/) 방식을 사용합니다. 소규모 노드가 운영하는 프라이빗 블록체인에서는 PBFT(Practical Byzantine Fault Tolerance) 계열의 알고리즘을 사용하여 블록체인 합의를 진행합니다.

1.2.2 SSI 특징

SSI는 오늘날의 ID 기술과 비교하여 어떤 점이 좋을까요? 오늘날의 신분증은 ID 관리 시스템이 다르면 사용할 수 없거나, 인증을 위해 큰 비용이 소모됩니다. 예를 들어, 한국에서의 대학 졸업 여부를 미국 회사에 증명해야 한다고 가정해 봅시다. 기존 시스템에서는 한국에서 졸업증명서를 발급받고 이후 영문 공증까지 거쳐 제출해야만 미국 회사에서 졸업증명서를 검증할 수 있었습니다. 이때, 미국 회사는 공증된 졸업증명서를 검증할 수는 있지만, 자국의 졸업증명서를 검증하는 것만큼 쉽지는 않습니다. 영문 공증에 대한 진위 여부도 따져야 하고, 필요한 경우 언어가 다른 상대방과 소통을 해야 하는 등 자국과는 다른 형식의 졸업증명 검증에 많은 비용과 시간을 소모해야 합니다.

SSI 기술은 이러한 문제를 해결하기 위한 하나의 방법으로 **블록체인**을 사용하고 있습니다. 블록체인의 가장 큰 장점 중 하나는 블록체인에 참여하는 모든 사람이 동일한 저장소(원장)를 신뢰성 있는 환경에서 소유할 수 있다는 것입니다. 예를 들어, 한국 대학과 미국 대학이 블록체인 노드로 참여한 블록체인 플랫폼을 통해서 대학 졸업 여부를 증명한다고 가정해 봅시다. 해당 블록체인에 대학 졸업 증명 여부를 확인할 수 있는 값을 저장한 후 졸업증명서를 관리하고 검증할 수 있는 스마트 컨트랙트를 개발한다면, 복잡한 과정 없이 블록체인을 통해 쉽게 졸업증명서를 검증할 수 있습니다(당연히 대학 졸업 증명 여부를 확인할 수 있는 값으로서 이름, 성적 등의 민감한 개인정보가 직접적으로 블록체인에 저장되면 안되겠죠?). 그렇다면 기존 시스템을 사용해서 양국 간 신뢰성 있는 졸업증명서 관리 시스템을 구축하는 것은 왜 어려울까요? 기존 시스템은 블록체인과 달리 무결성과 신뢰성을 제공해 주는 기능을 별도로 개발해야 합니다. 이에 반해, 블록체인은 플랫폼 참여자들 모두 합의를 통해 동일한 원장을 가지고 있습니다. 졸업 증명 검증 데이터가 블록체인에 저장돼 있다는 것은, 블록체인에 참여한 노드들이 합의를 통해 저장한 신뢰할 수 있는 데이터가 그 안에 있다는 뜻입니다. 더 나아가, 블록체인은 합의가 완료된 후 저장된 데이터는 삭제할 수 없기 때문에 무결성 또한 보장해 줍니다. 즉, 블록체인에 저장된 데이터는 이미 구성원 간 신뢰에 대한 합의가 끝난 데이터이기 때문에 신뢰성을 위한 별도의 기능은 크게 고려할 필요 없이 저장된 데이터를 바탕으로 졸업증명서를 검증하는 기능만 구현하면 됩니다.

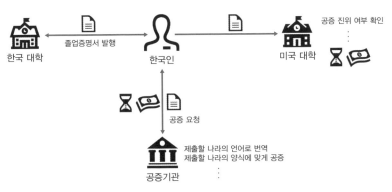

● 기존 졸업 증명 시스템 개념도

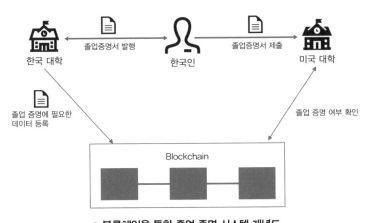

● 블록체인을 통한 졸업 증명 시스템 개념도

기존의 신분증은 이름, 나이 등 정해진 ID 속성 외에 새로운 속성을 추가하거나 삭제
하는 것은 불가능합니다. ID를 제출할 때 원하지 않는 정보까지 함께 제출해야만 합
니다. 하지만, SSI 기술을 이용하면 신원 인증을 위해 제출하는 ID에 새로운 속성을

추가하거나 민감한 정보를 삭제하여 제출할 수 있습니다. SSI 기술에서는 Verifiable Credential이라는 보관용 ID와 Verifiable Presentation이라는 제출용 ID가 따로 존재합니다. 보관용 ID는 신분증, 졸업증명서, 재직증명서 등과 같이 각 기관에서 발급하는 전자신분증 혹은 전자증명서라고 생각하면 됩니다. 그리고 사용자는 보관용 ID의 속성 중 필요한 부분만 추출하여 제출용 ID를 생성한 뒤 제출할 수 있습니다(보관용 ID와 제출용 ID는 3장에서 자세히 설명하겠습니다).

앞서 설명한 SSO의 경우, 사용자는 인증을 위해 Access 토큰만 제출할 뿐 실제 사용자 정보는 IdP와 RP 간에만 교환되기 때문에 IdP가 Access 토큰에 명시된 정보만을 제공했는지 여부는 확인할 수 없습니다. SSI 기술을 사용하면 이러한 점을 해결할 수 있습니다. 먼저, 사용자는 IdP로부터 자신의 계정에 대한 보관용 ID를 발급받습니다. 그리고 로그인할 RP가 요구하는 ID 속성만을 사용자의 보관용 ID로부터 추출해서 제출용 ID를 만들면 이를 이용해서 로그인할 수 있습니다. 이러한 구조에서는 사용자가 RP에게 정보를 직접 전달하기 때문에 사용자는 RP에게 어떤 정보를 제공하는지 정확하게 알 수 있습니다.

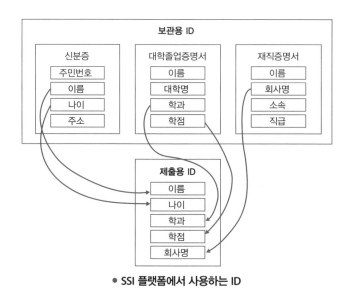

• SSI 플랫폼에서 사용하는 ID

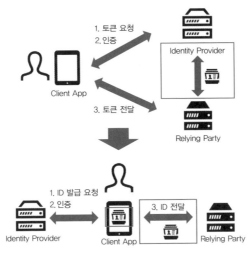

● SSI를 활용한 SSO 사용 예시

또한, ZKP(Zero-Knowledge Proof, 영지식 증명) 기술을 사용한다면 검증자에게 ID 속성 값을 알려주지 않고도 ID 속성을 검증할 수 있습니다. 암호학적으로 설명하면 너무 어려우니 실생활과 가까운 예를 하나 들어 보겠습니다. 유튜브에서 15세 이상 관람 가능한 영화를 보기 위해 나이를 증명해야 한다고 가정해 봅시다. 사용자는 15세 이상의 나이를 증명하기 위해 나이를 알려주는 것이 아니라 True/False 등의 값으로 15세 이상인지 아닌지 그 자격 여부만 증명할 수 있습니다. 이렇게 ZKP를 사용하면 설사 대형 서비스 회사에서 회원 정보를 수집한다고 하더라도 회원에 대한 정확한 정보를 알 수 없기 때문에 개인정보 유출을 방지할 수 있습니다(현재 하이퍼레저의 SSI 프로젝트에서는 Hyperledger Ursa 프로젝트에서 제공하는 ZKP 라이브러리를 사용하고 있습니다).

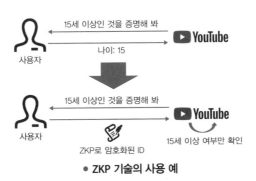

● ZKP 기술의 사용 예

마지막으로, 보안성에 대해서 한번 살펴보겠습니다. 먼저, SSI에서 사용되는 ID는 모두 전자기기에 암호화되어 안전하게 저장돼서 사용되므로 주민등록증과 같이 신분증이 분실되거나 다른 사람 손에 넘어가더라도 ID 사용자의 정보가 유출되는 경우는 훨씬 줄어들 것입니다. 또한, 앞서 설명한 SSL/TLS의 경우 안전한 통신을 위해 중앙화된 신뢰기관인 CA가 발행하는 디지털 인증서를 전적으로 신뢰해야 합니다. 이러한 구조에서 만약 CA의 보안에 구멍이 뚫린다면 전 세계 인터넷 보안에 큰 혼란이 일어날 수도 있습니다. 1.1.3절에서 언급했던 사례처럼 실제 CA에 의한 보안 사고도 종종 일어나고 있습니다. 만약 기존의 중앙화된 구조 대신 SSI 기술의 **DID(Decentralized IDentifier, 탈중앙 식별자)**를 사용하면 탈중앙화된 구조에서 안전하게 공개키를 교환할 수 있을 것입니다. 예를 들어, CA가 발행하는 디지털 인증서의 공개키 대신 블록체인에 등록된 DID document의 공개키를 사용하여 상대방과 안전한 통신을 맺을 수 있습니다(다음 그림은 DID를 활용한 키 교환 방식의 단순한 개념도일 뿐이며, 아직 완성된 설계 방안은 개발되지 않은 상황입니다).

● DID를 사용한 키 교환 방식 개념도

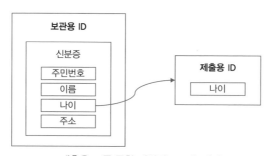

● 제출용 ID를 통한 개인정보 보호 예시

1.2.3 SSI 구성요소

이번 절에서는 SSI 플랫폼을 이루는 구성요소를 알아보겠습니다. SSI 플랫폼의 구성요소는 식별자와 인증 수단으로 사용되는 **DID** 및 **DID document**, 보관용 ID로 사용되는 **VC**(Verifiable Credential, 검증 가능한 자격증명), 마지막으로 제출용 ID로 사용되는 **VP**(Verifiable Presentation, 검증 가능한 제공 ID 데이터 집합)로 이루어져 있습니다. SSI 플랫폼의 주요 참여자는 VC를 발행하는 **발행인**(Issuer), VC를 발급받은 후 VP로 가공하여 검증기관에 제출하는 **사용자**(Holder), 사용자로부터 VP를 수신하여 VP의 진위를 검증하는 **검증인**(Verifier), 그리고 DID 및 ID 관련 정보를 저장하는 분산저장소인 **블록체인**이 있습니다.

> **NOTE**
>
> 분산저장소는 꼭 블록체인을 사용하지 않아도 됩니다. 다만, 현재 SSI의 기술적 요구 조건을 수용하기에 가장 적합한 분산저장소가 블록체인이기 때문에 대부분의 SSI 플랫폼에서는 블록체인을 활용하여 분산저장소를 구축합니다.

먼저, 보관용 ID로 사용되는 VC에 관해서 설명하겠습니다. VC는 사용자가 발행기관으로부터 발급받은 신분증, 졸업증명서, 재직증명서 등과 같은 신원증명을 의미합니다. 하지만, 사용자는 VC를 직접 사용하지 않고 제출용 ID인 VP로 가공해서 사용합니다. 사용자는 발급받은 VC의 필요한 속성만을 추출하여 VP로 가공한 후 제출하게 됩니다. 예를 들어, 다음 그림과 같이 사용자가 보유한 주민등록증 VC와 대학 졸업증명서 VC의 속성 중 주민등록증 VC에서는 이름과 나이 속성을 추출하고, 대학 졸업증명서 VC에서는 학과와 학점 속성만을 추출하여 하나의 VP로 만든 후 검증기관에 제출할 수 있습니다. DID는 VC와 VP에 들어가는 식별자로 사용됩니다. 다음 그림의 VC를 보면 사용자와 발행기간의 DID가 명시되어 있습니다. 사용자가 제출하는 VP에도 다음 그림과 같이 사용자와 VP 속성값 추출에 사용된 VC 발행기관의 DID가 명시되어 있습니다. 따라서 VP를 수신한 검증기관은 VP를 올바른 사용자로부터 수신했는지 **VP 제출자 DID**를 통해 알 수 있고, VP 내 포함된 VC 속성을 가진 사람이 사용자가 맞는지는 VC 내 명시된 **Subject(사용자) DID**를 통해 알 수 있으며, VP 내 포함된 VC 속성값이 어떤 발행기관에서 발행됐는지는 **발행기관의 DID**를 통해 알 수 있습니다. 마지막으로, 검증기관은 VP 내 존재하는 VC의 Subject DID가 진짜 사용자의 것인지 DID Auth를 통해 알 수 있고, 그 밖에 VP/VC 내 포함된 각종 서명도 DID document를 통해 검증할 수 있습니다(DID를 이용한 인증 과정을 DID Auth라고 하는데, DID Auth 및 VC/VP의 자세한 인증 과정에 대해서는 2장부터 자세히 알아보겠습니다).

> **NOTE**
>
> 블록체인에 저장되는 데이터는 누구나 열람하고 획득할 수 있는 데이터이기 때문에 SSI 플랫폼을 설계할 때는 DID 관련 정보 외에 어떤 데이터가 블록체인에 저장될지 신중하게 고려해야 합니다. 예를 들어, 사용자의 개인정보가 그대로 블록체인에 저장되면 절대 안 되겠죠!

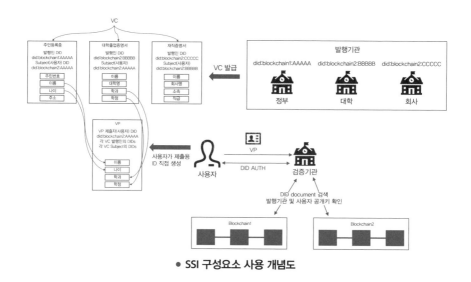

● **SSI 구성요소 사용 개념도**

이번 절에서는 SSI 프로젝트 중 가장 활발하게 개발되고 있는 하이퍼레저의 SSI 프로젝트를 소개하겠습니다. 하이퍼레저의 SSI 프로젝트는 크게 2가지가 있는데, SSI에 특화된 블록체인과, 블록체인 노드와 클라이언트 간 연동을 위한 SDK를 개발하는 **하이퍼레저 인디**(Hyperledger Indy), 그리고 블록체인, 혹은 분산저장소와는 독립적으로 클라이언트 애플리케이션 간 SSI 관련 데이터를 처리하기 위한 P2P 프로토콜을 개발하는 **하이퍼레저 에어리즈**(Hyperledger Aries)가 있습니다. 먼저, 하이퍼레저 인디는 다음과 같이 각 요소 기술별로 세분화된 프로젝트로 나뉘어져 개발되고 있습니다.

- Hyperledger/indy-node: SSI 플랫폼에 특화된 블록체인 노드 개발
- Hyperledger/indy-plenum: indy-node의 합의 알고리즘 개발
- Hyperledger/indy-sdk: indy-node와 연동하는 클라이언트(발행기관, 사용자, 검증기관 등) 애플리케이션 개발용 SDK 개발

indy-node는 SSI 플랫폼에 특화된 블록체인 노드를 개발하는 프로젝트입니다. 특징으로는 누구나 데이터를 읽어올 수 있지만, 블록체인 노드 운영에 참여하거나 데이터를 쓰기 위해서는 중앙화된 운영 기관의 허락을 받아야만 하는 Public Permissioned 형태로 운영되어야 합니다. 또한, 스마트 컨트랙트 기능이 존재하지 않고, 블록체인은 DID, DID document, Schema(ID 양식) 등 ID와 관련된 데이터만 처리할 수 있습니다. indy-plenum은 indy-node 블록체인 노드 간 합의 알고리즘을 개발하는 프로젝트입니다. 합의 알고리즘은 PBFT(Practical Byzantine Fault Tolerance)를 개선한 RBFT(Redundant Byzantine Fault Tolerance)를 사용합니다(현재 개발자 커뮤니티에서는 합의 알고리즘을 RBFT에서 Aardvark BFT로 변경하려는 움직임이 있습니다). 합의에 부하가 많이 발생하는 PBFT 계열의 알고리즘이므로 Private 혹은 Public Permissioned 블록체인과 같이 소규모 블록체인 합의에 적합한 알고리즘입니다. 마지막으로, indy-sdk는 블록체인 노드와 사용자 간 사용할 수 있는 API 등을 지원하기 위한 SDK를 개발하는 프로젝트입니다.

하이퍼레저 에어리즈는 다음과 같이 세분화된 프로젝트로 나누어 개발되고 있습니다.

- Hyperledger/aries-rfcs: DID, VC, VP 등 SSI 구성요소 관련 기술 사양 및 프로토콜 정의
- Hyperledger/aries-framework-go: ACCEPTED 상태가 된 aries-rfcs의 RFC 내용을 바탕으로 Go 언어로 구현된 SSI 프레임워크 개발(자바, 닷넷 구현도 진행 중)

· 그 외 다수의 클라이언트 개발 프로젝트 존재

aries-rfcs는 DID, VC, VP 등 SSI 구성요소에 대한 기술 사양 및 프로토콜 정의와 관련된 RFC(Request For Comment)를 작성하는 프로젝트입니다. 현재 다양한 기능의 RFC들이 aries-rfcs 프로젝트 내에 제출되어 있는데, SSI 플랫폼 클라이언트와 서버 개발에 대한 요구사항, DID, VC, VP 관련 통신 프로토콜, 암호화 키를 관리하는 방법 등의 RFC가 있습니다. RFC는 4가지 상태로 분류되어 관리됩니다. RFC가 **PROPOSED** 상태면 해당 RFC는 개발 진행 중인 RFC로서 아직 개발 커뮤니티의 승인을 받지 못한 RFC입니다. 만약 PROPOSED 상태의 RFC가 커뮤니티로부터 SSI 플랫폼에 사용될 수 있다는 승인을 받게 되면 해당 RFC의 상태는 **ACCEPTED**가 됩니다. 그리고 ACCEPTED 상태의 RFC가 실제 서비스에 적용된다면 해당 RFC의 상태는 **ADOPTED**가 됩니다. 마지막으로, RFC 중 개발이 더 이상 진행되지 않거나 치명적인 결함이 발견된다면 해당 RFC의 상태는 **RETIRED**가 됩니다. aries-rfcs의 RFC를 보실 때 4가지 상태를 확인하면서 문서를 본다면 공부하는 데 많은 도움이 될 것입니다. (RFC에 대한 자세한 과정은 aires-rfcs 깃허브인 https://github.com/hyperledger/aries-rfcs에서 확인할 수 있습니다.)

aries-framework 프로젝트는 ACCEPTED 상태가 된 aries-rfcs의 RFC 내용을 바탕으로 SSI 프레임워크를 개발하는 프로젝트입니다. 현재 Go(또는 Golang), 자바, 닷넷 등 다양한 언어로 개발이 진행 중입니다. 그 밖에도 ZKP 등 암호화 관련 라이브러리를 제공하는 Hyperledger Ursa 프로젝트도 SSI 프로젝트 개발에 사용되고 있습니다.

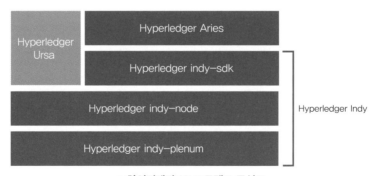

● **하이퍼레저 SSI 프로젝트 구성도**

DID & DIDdocument 2

지금부터 본격적으로 SSI 핵심 구성요소를 설명하겠습니다. 앞서 ID는 ID를 사용하는 사람을 식별하는 식별자, ID 사용자의 특징을 나타내는 ID 속성, ID 소유권을 증명하는 인증 수단, 그리고 ID를 발행한 발행인으로 구성되었다고 하였습니다. 이번 장에서는 SSI 기술에서 식별자와 인증 수단으로 사용되는 DID 및 DID document를 알아보겠습니다.

2.1 DID

기존의 주민등록번호나 상품 코드 등의 중앙화된 식별자는 중앙 기관을 통해 발급받고 통제되는 구조입니다. 반면, **DID (Decentralized IDentifier)**는 사용하는 사람 스스로 생성하고 제어할 수 있는 분산형 식별자(혹은 탈중앙화된 식별자)입니다. DID를 설명하기에 앞서 분산형 식별자에 대해 간단하게 설명하겠습니다. 사실 분산형 식별자는 그리 새로운 개념이 아닙니다. 이미 통신에서는 객체들을 식별하기 위해 **UUID(Universally Unique IDentifiers)**라는 분산형 식별자가 많이 사용되고 있습니다. 분산형 식별자의 중요한 요소 중 하나는 동일한 식별자가 생성되지 않는 구조로 만드는 것인데, 중앙화된 식별자는 중앙기관이 알아서 동일한 식별자가 생성되지 않게 잘 만들어 줄 것입니다. 하지만, 분산형 식별자는 중앙기관 없이 각자가 식별자 간 충돌이 발생하지 않게 잘 생성해야 합니다(동일한 식별자가 생성되는 것을 '충돌'이라고 표현합니다). 충돌을 방지하기 위해 UUID는 다음과 같이 32개의 16진수와 4개의 하이픈('-')으로 구성되어 있습니다. UUID 생성은 충돌에 안전한 랜덤함수를 사용해서 생성할 수 있습니다(UUID 생성 알고리즘이 궁금한 분은 ietf RFC 4122의 4.2.1 항목을 참고하면 됩니다). UUID가 충분히 랜덤하게 생성될 때 동일한 UUID가 생성될 확률은 2의 122승분의 1입니다. 전 세계 사용자들이 UUID를 생성하더라도 충돌을 걱정하지 않아도 되는 확률이니 안심하고 사용할 수 있습니다.

- **UUID 예(version 4)**

```
01234567-89ab-cdef-0123-456789abcdef
```

DID도 UUID와 마찬가지로 생성 시 충돌을 걱정할 필요 없이 사용할 수 있습니다. 그렇다면 최근 각광받는 SSI 기술의 DID는 UUID와 무엇이 다를까요? UUID는 객체를 식별하는 식별자로만 사용할 수 있고, 해당 객체를 인증하기 위해서는 별도의 인증 수단이 필요합니다. 하지만, DID는 DID를 사용하는 객체에 대한 식별자로 사용될 뿐만 아니라 인증 수단인 DID document를 참조할 수 있는 **URI** 역할까지 동시에 수행할 수 있습니다. 그럼, URI란 무엇일까요? 간단하게 설명하자면 인터넷에 존재하는 자원을 나타내는 유일한 주소입니다. 즉, DID는 DID document의 위치를 나타낼 수 있는 주소인 것이죠. 다음 그림과 같이 DID는 **DID scheme, DID method, Method-specific identifier** 3가지로 구성되어 있습니다. DID scheme은 URI(Uniform Resource Identifier)가 어떤 프로토콜을 사용해서 자원에 접근하는지 명시합니다. URI scheme에는 우리가 흔히 사용하는 http, https를 포함한 다양한 프로토콜이 정의되어 있는데, 만약 URI scheme에 did가 들어간다면 did scheme이 정의한 자원 접근 방식에 따라 자원을 찾아가겠죠.

DID method는 DID document가 어떤 저장소에 저장되어 있는지 보여줍니다. 다음 그림과 같이 DID method에 btcr이 명시되어 있으면 비트코인에 접근하여 DID document를 검색합니다. 마지막으로, DID method가 가리키는 저장소 내 DID document가 저장된 정확한 위치를 검색하기 위해서는 Method-specific identifier가 필요합니다. 다음 그림과 같이 DID method를 참조해서 비트코인 블록체인에 접근한 후 Method-specific identifier를 이용해 검색하면 DID document를 가져올 수 있습니다.

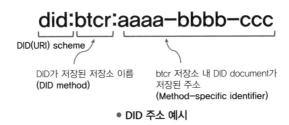

did:btcr:aaaa-bbbb-ccc

DID(URI) scheme

DID가 저장된 저장소 이름
(DID method)

btcr 저장소 내 DID document가
저장된 주소
(Method-specific identifier)

● **DID 주소 예시**

● **DID method가 지원하는 저장소**

DID method	저장소
did:btcr	Bitcoin
did:ethr	Ethereum(uport)
did:sov	Sovrin
did:v1	Veres One
did:ipid	IPFS

DID와 DID document의 생성 및 사용 과정을 다음 그림과 같이 정리해 봤습니다. 사용자 1은 DID와 DID document를 생성한 후, DID document는 DID method에 명시

된 저장소에 저장합니다(DID document에는 ID 인증 수단에 사용되는 데이터가 포함되어 있는데 다음 절에서 자세히 설명하겠습니다). 그리고 사용자 2가 사용자 1의 DID 주소를 알고 있다면, DID에 명시된 저장소와 저장소 내 Method-specific identifier가 가리키는 위치에 저장된 사용자 1의 DID document를 획득할 수 있습니다.

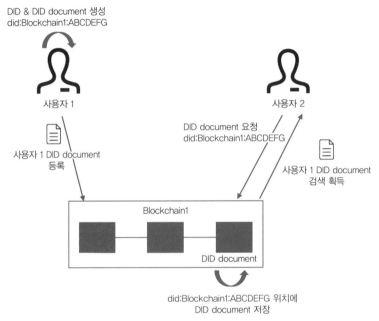

DID & DID document 생성
did:Blockchain1:ABCDEFG

사용자 1

사용자 1 DID document
등록

DID document 요청
did:Blockchain1:ABCDEFG

사용자 2

사용자 1 DID document
검색 획득

Blockchain1

DID document

did:Blockchain1:ABCDEFG 위치에
DID document 저장

● **DID와 DID document의 생성 및 사용 과정 개념도**

다음 그림과 같이 DID resolver 혹은 DID registrar 프로그램을 사용하면 좀 더 수월하게 다양한 저장소에 저장된 DID document를 가져오거나 DID document를 등록할 수 있습니다. DID resolver/registrar는 사용자 단말 혹은 외부 서버에서 개발되어 사용될 수 있는데, 2.6절에서 좀 더 자세히 다루겠습니다.

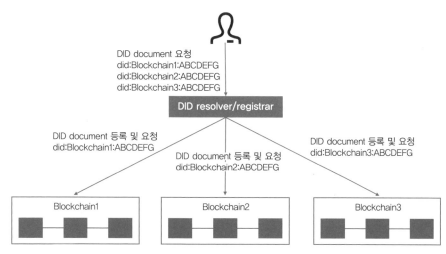

DID document 요청
did:Blockchain1:ABCDEFG
did:Blockchain2:ABCDEFG
did:Blockchain3:ABCDEFG

DID resolver/registrar

DID document 등록 및 요청
did:Blockchain1:ABCDEFG

DID document 등록 및 요청
did:Blockchain2:ABCDEFG

DID document 등록 및 요청
did:Blockchain3:ABCDEFG

Blockchain1

Blockchain2

Blockchain3

● **DID resolver를 통한 DID document 취득 예시**

마지막으로, DID 생성에 관해 설명하고 넘어가겠습니다. 대부분의 DID 플랫폼은 DID
와 DID document 생성 시 **비대칭키**를 함께 생성합니다. 생성한 비대칭키의 비밀키는
본인이 안전하게 보관하고, 공개키는 DID document에 넣어서 블록체인에 저장합니다.
또한, DID의 생성 구조는 플랫폼마다 조금씩 다른데, Sovrin 블록체인의 DID는 비대
칭키 생성 시 공개키의 일부분이 Method-specific identifier가 됩니다. 즉, did:sov:공개
키 구조로 DID가 생성되는 것이죠. 이더리움은 DID method가 ethr이고, 이더리움 어
카운트 주소가 Method-specific identifier입니다. 즉, 이더리움에서는 did:ethr:어카운트
주소 구조로 DID가 생성됩니다.

이번 절에서는 DID의 구조와 생성하는 방식 등을 알아봤습니다. 다음 절에서는 DID
의 인증 수단이자 핵심이 되는 DID document에 관해서 알아보겠습니다.

2.2 DID Document

DID document에는 DID의 소유권을 증명할 수 있는 인증 수단이 포함되어 있습니다. 다음 그림은 DID 소유권을 증명하는 DID Auth 방법 중 하나인데, 그림을 통해 DID document가 DID 소유권 증명에 어떻게 사용될 수 있는지 간단하게 알아보겠습니다. (1) 사용자가 검증기관에게 did:ethr:1234가 본인의 DID라고 주장하면 (2) 검증기관은 사용자의 DID를 통해 사용자 DID document가 저장된 위치를 확인하여 DID document를 획득합니다. (3) 이후 검증기관은 획득한 DID document를 이용하여 해당 DID가 당신이 생성한 DID라는 것을 인증해 보라는 **Challenge**를 전송합니다. (4) Challenge를 받은 사용자는 인증을 위해 Challenge에 해당하는 **Response**를 전송하고 (5) Response를 받은 검증기관은 사용자의 DID Document에 포함된 공개키를 이용하여 사용자의 Response를 검증합니다.

> **NOTE**
>
> Challenge와 Response는 어떻게 생성될까요? 앞서 1장의 비대칭키 절에서 배운 내용과 연관해서 생각해 보면 답을 얻을 수 있을 것입니다.

> **NOTE**
>
> DID Auth는 Challenge와 Response 과정을 통해 DID 소유권을 증명할 수 있는데, Challenge와 Response에는 다양한 종류의 데이터가 사용될 수 있습니다. 이번 절에서는 DID document에 어떤 데이터가 들어가는지 먼저 알아보고, DID Auth 절에서 DID document의 데이터를 활용하여 Challenge 및 Response 과정이 어떻게 진행되는지 좀 더 자세히 알아보겠습니다.

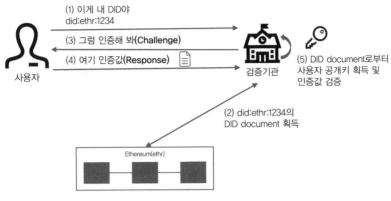

● DID 소유권 증명 예시

다음은 웹 표준 개발 단체인 W3C에 등록된 DID 표준 문서를 참고하여 만든 DID document 예제입니다. DID document에는 @context, id, publicKey, authentication, 그리고 service라는 5가지 중요 항목이 있는데, 다음 예제를 통해 각각의 항목에 어떤 데이터가 들어가는지 확인해 보겠습니다.

● DID document 예제

```
1   {
2     "@context": "https://www.w3.org/ns/did/v1",
3     "id": "did:ethr:1234",
4     "publicKey": [{
5       "id": "did:ethr:1234#keys-1",
6       "type": "RsaVerificationKey2018",   비대칭키 인증(RSA)
7       "controller": "did:ethr:1234",
8       "publicKeyPem": "-----BEGIN PUBLIC KEY...END PUBLIC KEY-----\r\n"
9     }, {
10      "id": "did:ethr:1234#keys-2",
11      "type": "Ieee2410VerificationKey2018",   생체 인증
12      "controller": "did:ethr:1234",
13      "publicKeyPem": "-----BEGIN PUBLIC KEY...END PUBLIC KEY-----\r\n"
14    }, {
15      "id": "did:ethr:1234#keys-3",
16      "type": "RsaVerificationKey2018",
17      "controller": " did:sov:ABCD ",   Authorization key
18      "publicKeyPem": "-----BEGIN PUBLIC KEY...END PUBLIC KEY-----\r\n"
19    }],
```

```
20    "authentication": [
21      "did:ethr:1234#keys-1",
22      "did:ethr:1234#keys-2",
23      "did:ethr:1234#keys-3"
24    ],
25    "service": [{
26      "id": "did:ethr:1234#keyRotation",
27      "type": "RotateUserKey",
28      "serviceEndpoint": "https://example.com/keyrotation/"
29    }]
30  }
```

2.2.1 id

@context는 마지막에 얘기하고, 먼저 id 항목부터 알아보겠습니다. DID document 예제 3번째 줄의 id 항목에는 id를 통해 식별되는 객체의 DID가 들어갑니다. 만약 예제의 DID document가 사용자를 식별하기 위한 DID document라면 3번째 줄의 id에는 사용자의 DID가 들어갈 테고, 물건을 식별하기 위한 DID document면 물건의 DID가 들어갈 것입니다. 일반적으로는 DID와 DID document를 생성하고 등록한 사람의 DID가 id 항목에 들어가는데, 다음 그림을 통해 DID document 생성 및 요청 과정을 알아보겠습니다. (1)사용자는 DID를 생성한 후 (2)DID document를 생성합니다. DID document의 id 값에는 생성했던 DID 외 향후 소유권 인증(DID Auth)에 필요한 값들을 입력합니다. (3) DID document 생성을 완료하면 DID method에 정의된 저장소에 DID document를 등록합니다.

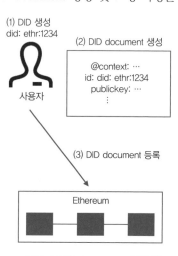

• **DID & DID document 생성 예**

다음 그림과 같이 (1) DID document 생성 후 사용자가 검증기관에게 자신의 DID를 알려주면 (2) **검증기관**은 사용자의 DID method에 명시된 블록체인에 DID document를 반환해 줄 것을 요청합니다. (3)(4) DID document 반환 요청을 받은 블록체인은 저장된 DID document 중 id 항목이 검증기관이 요청한 DID와 동일한 DID document를 찾아서 검증기관에게 반환합니다.

> **NOTE**
>
> 꼭 DID를 사용하는 당사자가 직접 DID를 생성해야 하는 것은 아닙니다. DID로 식별되는 사용자 대신 다른 사람이 DID를 생성하고 인증해 줄 수도 있습니다. 이러한 경우 사용자를 식별하기 위한 DID는 앞서 설명한 DID document의 id 항목에 들어가고, 사용자의 DID를 대신 생성해 주고 해당 DID의 소유권을 인증할 수 있는 DID 생성자는 controller라는 항목에 들어갑니다. controller 항목에 대해서는 2.2.2절에서 자세히 알아보겠습니다.

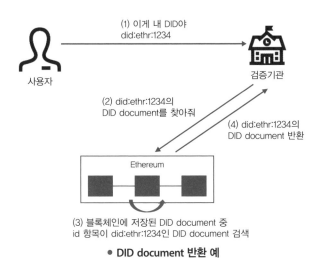

● **DID document 반환 예**

2.2.2 publicKey & authentication

publicKey와 authentication 항목은 DID 소유권 인증에 사용됩니다. 먼저, publicKey 항목부터 알아보겠습니다. publicKey 항목에는 DID 소유권 인증에 필요한 다양한 종류의 데이터가 들어갈 수 있습니다. 다음 예제를 통해 하나하나 살펴보겠습니다. 다음 publicKey 항목을 보면 소유권 인증에 사용할 수 있는 데이터 세 개가 있는 것을 확인할 수 있습니다. 5~8번째 줄과 15~18번째 줄에는 소유권 인증에 RSA 인증 방식을 사용할 수 있는 데이터가 있고, 10~13번째 줄에는 소유권 인증에 생체 인증 방식을 사용할 수 있는 데이터가 있습니다.

publicKey 항목에는 **id, type, controller, publicKeyPem**이라는 4가지 세부 항목이 있습니다. 5번째 줄 id 항목은 publicKey 내 사용할 수 있는 인증키의 위치를 나타내고 있습니다. 예를 들어, 만약 상대방에게 비대칭키 인증을 통해 소유권 인증을 하고 싶으면 5번째 줄 id에 있는 DID를 알려주면서 소유권 인증 과정을 시작하면 됩니다. 만약 생체 인증을 통해 소유권 인증을 하고 싶으면 10번째 줄 id에 있는 DID를 알려주면서 소유권 인증 과정을 시작하면 됩니다. 6번째 줄 type은 비대칭키 인증(RSA)을 사용한다고 명시하고 있습니다. type에는 RSA 비대칭키 인증뿐만 아니라 생체 인증, 타원곡선 비대칭키 인증 등 다양한 인증 방식이 들어갈 수 있습니다(type에 대해서는 3.2.1절 @context에서 좀 더 자세히 알아보겠습니다). publicKeyPem에는 소유권 인증에 사용될 데이터가 저장되어 있습니다. 8번째 줄의 publicKeyPem 항목의 경우, 비대칭키 인증 방식을 사용하므로 공개키가 저장돼 있습니다. 마지막으로, 7번째 줄의 controller는 publicKeyPem에 대한 인증 권한을 가진 사람이 누구인지 나타냅니다. 예를 들어, 8번째 줄 publicKeyPem에는 RSA 비대칭키 인증 방식에 사용되는 공개키가 저장되어 있기 때문에, 7번째 줄 controller 항목에는 해당 공개키와 쌍을 이루는 비밀키를 가진 사람의 DID가 입력됐다고 이해하면 됩니다.

● **DID document의 publicKey 항목**

```
 4    "publicKey": [{
 5        "id": "did:ethr:1234#keys-1",
 6        "type": "RsaVerificationKey2018",   [비대칭키 인증(RSA)]
 7        "controller": "did:ethr:1234",
 8        "publicKeyPem": "-----BEGIN PUBLIC KEY...END PUBLIC KEY-----\r\n"
 9    }, {
10        "id": "did:ethr:1234#keys-2",
11        "type": "Ieee2410VerificationKey2018",   [생체 인증]
```

```
12        "controller": "did:ethr:1234",
13        "publicKeyPem": "-----BEGIN PUBLIC KEY...END PUBLIC KEY-----\r\n"
14  }, {
15        "id": "did:ethr:1234#keys-3",
16        "type": "RsaVerificationKey2018",
17        "controller": "did:sov:ABCD",   Authorization key
18        "publicKeyPem": "-----BEGIN PUBLIC KEY...END PUBLIC KEY-----\r\n"
19      }],
20  "authentication": [
21        "did:ethr:1234#keys-1",
22        "did:ethr:1234#keys-2",
23        "did:ethr:1234#keys-3"
24    ],
```

다음으로, authentication 항목에 관해 알아보겠습니다. authentication은 해당 DID document가 제공하는 소유권 인증 방식을 나타냅니다. authentication 항목의 21번째 줄 DID 값은 위의 publicKey 5번째 줄 id 값을 나타내고, authentication 항목의 22번째 줄 DID 값은 publicKey 10번째 줄 id 값을 나타내며, 마찬가지로 23번째 줄 DID 값은 15번째 줄 DID 값을 나타냅니다. 21~23번째 줄의 3가지 방법 중 선택하여 DID 소유권에 대한 인증을 수행할 수 있습니다.

● DID document의 authentication 항목

```
20  "authentication": [
21        "did:ethr:1234#keys-1",
22        "did:ethr:1234#keys-2",
23        "did:ethr:1234#keys-3"
24    ],
```

글로만 설명하니 조금 어렵죠? 그래서 예제로 다음 그림을 준비했습니다. 우선 예제에서는 사용자가 앞서 설명한 DID document와 동일한 DID document를 사용한다고 가정하고, 검증기관 역시 이미 사용자의 DID를 획득했다고 가정하겠습니다.

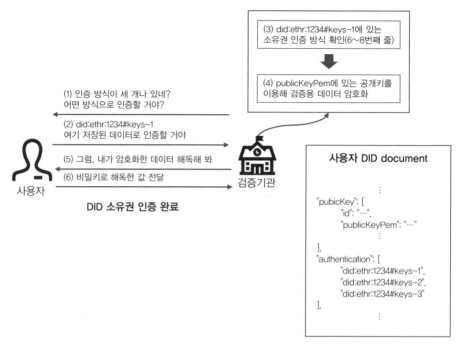

● DID 소유권 인증 예시

(1)사용자의 DID document를 획득한 검증기관은 authentication 항목을 확인하고는 사용자가 본인의 DID 소유권을 주장할 수 있는 방식이 3가지가 있다는 것을 확인합니다. 검증기관은 사용자에게 authentication 항목의 3가지 인증 방식 중 어떤 방식을 사용할 것인지 묻습니다. (2)사용자는 publicKey 항목의 세부 id가 did:ethr:1234#keys-1에 있는 데이터를 사용해서 인증할 것이라고 응답합니다. 사용자의 응답을 받은 검증기관은 publicKey 항목에서 세부 항목 id가 did:ethr:1234#keys-1인 id를 찾습니다. 위 DID document 예제에서는 5번째 줄이 되겠네요. did:ethr:1234#keys-1을 찾았으면 해당 세부 항목에 있는 데이터를 이용하여 DID 소유권 검증 과정을 진행합니다. (3)6번째 줄의 type을 확인해 보니 소유권 인증을 위해 비대칭키 인증 방식이 사용되는 것을 알았습니다. 비대칭키 암호화 방식을 사용하니 소유권 인증에 사용되는 publicKeyPem 데이터가 공개키라는 것도 알았습니다. 또한, 7번째 줄의 controller를 통해 해당 DID에 대한 소유권 인증을 누가 하는지도 알아냈습니다. (4)(5)이후 검증기관은 type에 명

시된 비대칭키 암호화 방식대로 publicKeyPem에 있는 공개키를 이용해 검증기관만 알고 있는 데이터를 암호화해서 사용자에게 전송합니다. (6)그러면 사용자는 자신만이 알고 있는 did:ethr:1234#keys-1의 publicKeyPem과 쌍을 이루는 비밀키를 사용하여 검증기관이 보낸 데이터를 해독한 후 검증기관에게 결괏값을 전송합니다. 결괏값을 수신한 검증기관은 자신이 암호화에 사용한 데이터 값과 사용자로부터 수신한 해독된 값을 비교한 후, 둘이 서로 동일하다면 DID document의 주인이 사용자라는 것을 알 수 있습니다. 왜냐하면 해당 DID document 생성 시 함께 만들었던 비밀키를 가진 사용자만이 DID document에 있는 공개키로 암호화한 데이터를 해독할 수 있기 때문입니다. 이 과정이 이해가 어려우면 1장의 비대칭키 설명을 다시 확인하기 바랍니다.

> **NOTE**
>
> DID 소유권을 인증하는 방식을 **DID Auth**라고 말합니다. 지금까지는 'DID 소유권 인증'과 'DID Auth'를 조금 혼용해서 사용했지만, 앞으로는 용어 통일을 위해 DID 소유권 인증 과정을 DID Auth라고 칭하겠습니다. DID Auth는 2.4절에서 좀 더 자세히 다루겠습니다.

앞서 잠깐 언급한 것처럼 DID Document 예제 3번째 줄 id 항목에는 '일반적으로' DID를 생성하고 DID Document를 등록한 사람의 DID가 들어간다고 했습니다. 그렇다면 일반적이지 않은 경우는 어떤 상황일까요? id 항목에는 DID로 식별되는 사람의 DID가 들어갑니다. 하지만, 꼭 DID로 식별되는 사람만이 DID를 생성하고 DID Auth를 할 권한이 있는 것은 아닙니다. 그림으로 2가지 경우를 설명하겠습니다.

- DID로 식별되는 사람과 DID Auth의 권한을 가진 사람이 다른 경우
- DID로 식별되는 사람 포함 DID Auth 권한을 두 명 이상 가진 경우

먼저, 다음 그림과 DID document는 DID로 식별되는 사람과 DID Auth의 권한을 가진 사람이 다른 경우를 보여 주고 있습니다. A 회사 직원이 A 회사 직원인 것을 인증하는 예로 설명하겠습니다. (1)A 회사 직원은 검증기관에게 A 회사로부터 발급받은 DID를 보여 주면서 자신이 A 회사 직원이라는 것을 주장합니다. (2)그럼, 검증기관은 수신한 DID를 통해 A 회사 직원의 DID document를 획득한 뒤, DID Auth를 위

해 publicKey 항목과 authentication 항목을 확인합니다. publicKey 항목을 보니 해당 DID에 대한 DID Auth를 할 수 있는 사람을 가리키는 controller 항목이 did:sov:**ABCD**로 명시되어 있습니다. (3)검증기관은 did:sov:**1234**에 대한 DID Auth를 할 수 있는 did:sov:**ABCD**에게 DID Auth를 요청합니다. (4)A 회사는 회사 내부 시스템 등을 확인하여 DID를 발급한 기록이 있는지 확인합니다. (5)만약 A회사 직원의 DID 발급 기록이 있다면 해당 DID를 생성할 때 같이 만들었던 비대칭키 중에서 비밀키를 사용하여 DID Auth에 대한 인증값을 검증기관에게 전송합니다. (6)마지막으로 검증기관은 controller인 A 회사로부터 수신한 인증값을 확인하여 검증을 완료합니다.

controller 세부 항목을 잘만 활용한다면 다음 예제뿐만 아니라 DID Auth를 활용한 다양한 서비스를 구현할 수 있겠죠?

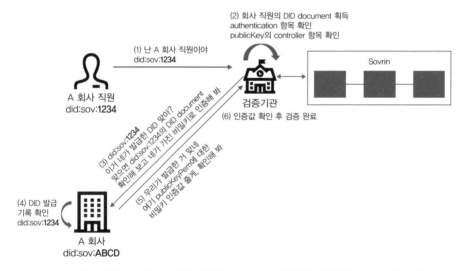

- DID로 식별되는 사람과 DID를 생성하고 DID Auth 권한을 가진 사람이 다른 경우의 DID Auth 과정 예시

- A 회사 직원 DID document의 id, publicKey, authentication 항목

```
1  ...
2    "id": "did:sov:1234",
3    "publicKey": [{
```

```
4      "id": "did:sov:1234#keys-1",
5      "type": "RsaVerificationKey2018",   비대칭키 인증(RSA)
6      "controller": "did:sov:ABCD",
7      "publicKeyPem": "-----BEGIN PUBLIC KEY...END PUBLIC KEY-----\r\n"
8    }],
9    "authentication": [
10     "did:sov:1234#keys-1"
11   ],
12 ...
```

다음으로, DID로 식별되는 사람을 포함해 다른 사람도 DID Auth 권한을 가질 수 있는 경우를 설명하겠습니다. 만약 사용자가 자신의 DID로 자격증을 발급받았다면 DID Auth를 통해 자격증 소유권을 증명할 수 있습니다. 하지만, 사용자가 자격증의 DID에 대한 DID Auth 권한의 비밀키를 잃어버렸다면 어떻게 될까요? 그러면 해당 DID를 통해 발급받은 자격증은 영원히 사용할 수 없게 됩니다. 그러나 만약 자격증 발행기관도 사용자 자격증에 대한 DID Auth 권한이 있다면 자격증 발행기관을 통해 새로운 인증키를 발급받을 수 있습니다.

다음 그림과 사용자 DID document 예제를 통해 두 명이 DID Auth 권한을 가진 경우를 알아보겠습니다. 사용자는 DID Auth 수행에 필요한 비밀키를 분실했다고 가정하겠습니다. (1)사용자는 블록체인에 자신의 공개키가 위치한 did:bc1:1234#keys-1의 publicKeyPem 데이터 변경을 요청합니다. 공개키 변경을 위해 did:bc1:1234#keys-2의 인증키를 이용하여 DID Auth를 수행하겠다고 같이 알려줍니다. (2)블록체인은 사용자 DID document의 did:bc1:1234#keys-2에 위치한 controller DID에 DID Auth를 요청합니다. (3)자신이 발급한 자격증에 대한 DID 공개키 변경 요청을 받은 자격증 발행기관은 사용자 본인이 신청한 것이 맞는지 확인하기 위해 본인 인증을 요청합니다. 사용자 본인 인증은 직접 방문, 전화 인증 등 기존 인증 방식으로 진행될 수 있습니다. (4)본인 인증이 완료되면 (2)에서 요청한 DID Auth에 대한 응답으로, did:bc1:1234#keys-2의 publicKeyPem 항목에 저장된 공개키와 쌍인 비밀키를 사용해 인증값을 생성하고 전달합니다. (5)블록체인은 controller의 인증값을 확인한 후 올바른 인증값이라면 사용자의 요청대로 did:bc1:1234#keys-1에 있는 publicKeyPem 항목의 공개키를 변경합니다.

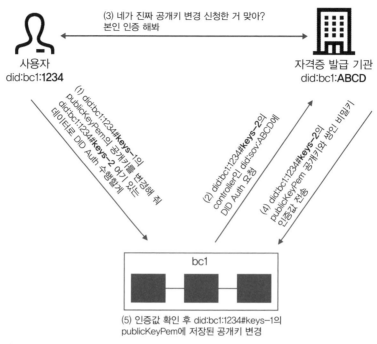

● DID Auth 권한을 두 명 이상 가진 경우 예시

(5) 인증값 확인 후 did:bc1:1234#keys-1의
publicKeyPem에 저장된 공개키 변경

> **NOTE**
>
> DID Method마다 공개키(인증키)를 변경하는 방식이 다를 수 있습니다. 본 예제는 가상의 bc1
> 이라는 DID method가 블록체인에 DID Auth를 요청하여 공개키를 변경할 수 있다고 가정하였
> 습니다.

● **사용자 DID document의 publicKey, authentication 항목**

```
1   ...
2     "publicKey": [{
3       "id": "did:bc1:1234#keys-1",
4       "type": "RsaVerificationKey2018",  [비대칭키 인증(RSA)]
5       "controller": "did:bc1:1234",
6       "publicKeyPem": "-----BEGIN PUBLIC KEY...END PUBLIC KEY-----\r\n"
7     }, {
8       "id": "did:bc1#keys-2",
9       "type": "RsaVerificationKey2018",
```

```
10      "controller": "did:bc1:ABCD", Authorization key
11      "publicKeyPem": "-----BEGIN PUBLIC KEY...END PUBLIC KEY-----\r\n"
12    }],
13    "authentication": [
14      "did:bc1:1234#keys-1",
15      "did:bc1:1234#keys-2"
16    ],
17  ...
```

방금 전 예제에서는 publicKey 내 controller 항목을 통해 다른 사람에게 DID Auth 권한을 부여할 수 있었습니다. DID 표준 문서의 Authorization and Delegation 항목을 보면, 다음 예제와 같이 DID Auth 권한을 다른 사람의 DID를 통해서만 인증할 수 있도록 DID document를 생성할 수도 있습니다. 그러한 경우 해당 DID document에는 publicKey 항목이 존재하지 않으며, controller를 찾기 위한 serviceEndpoint만 존재합니다. 또한, controller 항목은 publicKey 내에 존재하지 않고 4번째 줄과 같이 DID document 가장 상위 항목에 존재하게 됩니다.

● **DID Authorization and Delegation 예제**

```
1  {
2    "@context": "https://www.w3.org/ns/did/v1",
3    "id": "did:bc1:1234",
4    "controller": "did:bc1:ABCD",
5    "service": [{
6      "type": "VerifiableCredentialService",
7      "serviceEndpoint": "https://example.com/certificate/"
8    }]
9  }
```

앞서 보여 준 각각의 예제는 publicKey 항목과 authentication 항목을 이용하여 개발할 수 있는 다양한 서비스 시나리오 중 일부일 뿐입니다. DID document에서 제공하는 항목의 기능들을 활용하면 많은 종류의 인증 서비스를 개발할 수 있을 것입니다.

2.2.3 service

다음으로, **service** 항목에 관해서 알아보겠습니다. service 항목은 **serviceEndpoint**라는 세부 항목을 이용해 DID를 활용한 다양한 서비스를 개발할 수 있습니다. 앞의 예제에서 블록체인은 자격증 발행기관의 주소를 어떻게 알고 자격증 발행기관에게 DID Auth를 요청했을까요? 앞의 예제에서는 생략됐지만 바로 service 항목의 값을 참조하여 자격증 발행기관을 찾은 것입니다. 다음 그림은 앞서 생략된 service 항목이 포함된 예제인데, (1)과정에서 did:bc1:1234#keys-1의 공개키를 변경해 달라는 요청과 함께 자격증 발행기관의 웹주소가 명시돼 있는 service 항목도 다음과 같이 함께 알려줍니다. 그러면 블록체인은 did:bc1:1234;**service = keyRotation**가 가리키는 service 항목을 찾아서 자격증 발행기관에게 DID Auth를 요청할 수 있습니다.

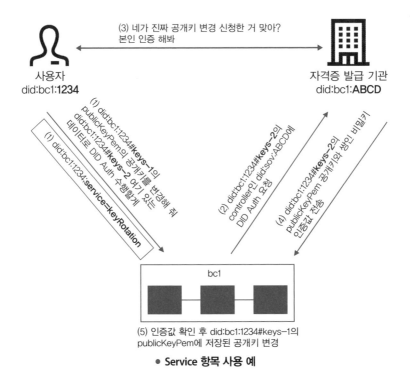

● **Service 항목 사용 예**

● 사용자 DID document의 publicKey, authentication, service 항목

```
1   ...
2     "publicKey": [{
3       "id": "did:bc1:1234#keys-1",
4       "type": "RsaVerificationKey2018",  [비대칭키 인증(RSA)]
5       "controller": "did:bc1:1234",
6       "publicKeyPem": "-----BEGIN PUBLIC KEY...END PUBLIC KEY-----\r\n"
7     }, {
8       "id": "did:bc1#keys-2",
9       "type": "RsaVerificationKey2018",
10      "controller": "did:bc1:ABCD",  [Authorization key]
11      "publicKeyPem": "-----BEGIN PUBLIC KEY...END PUBLIC KEY-----\r\n"
12    }],
13    "authentication": [
14      "did:bc1:1234#keys-1",
15      "did:bc1:1234#keys-2"
16    ],
17    "service": [{
18      "id": "did:bc1:1234#keyRotation",
19      "type": "RotateUserKey",
20      "serviceEndpoint": "https://example.com/keyrotation/"
21    }]
22  }
```

앞서 설명했던 A 회사 직원 예제에서도, 검증기관은 service 항목의 값을 확인한 후 A 회사에 DID Auth를 요청할 수 있었던 것입니다.

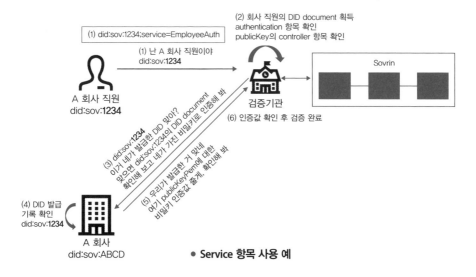

● Service 항목 사용 예

```
1    ...
2    "id": "did:sov:1234",
3    "publicKey": [{
4        "id": "did:sov:1234#keys-1",
5        "type": "RsaVerificationKey2018",  ┃비대칭키 인증(RSA)┃
6        "controller": "did: sov:ABCD",
7        "publicKeyPem": "-----BEGIN PUBLIC KEY...END PUBLIC KEY-----\r\n"
8    }],
9    "authentication": [
10       "did:sov:1234#keys-1"
11   ],
12   "service": [{
13       "id": "did:sov:1234#EmployeeAuth",
14       "type": "CompanyEmployeeAuth",
15       "serviceEndpoint": "https://company.com/employeeauthentication/"
16   }]
```

did:sov:1234;service = EmployeeAuth와 같은 DID 사용 문법은 2.3절에서 좀 더 자세히 살펴보겠습니다.

2.2.4 @context

마지막으로, 이번 절에서는 **@context**에 관해서 설명하겠습니다. 먼저, 다음 예제를 한 번 보시죠. key 값인 name에 어떤 값이 들어가야 할까요? 당연히 '직관적으로' 이름이 들어가야 한다고 생각할 것입니다. 하지만, 정확한 정의 없이 직관적으로 개발을 하다 보면 실수를 하는 경우가 있습니다. 예를 들어 보겠습니다. 다음 예제와 같이 key-value 값을 통해 두 컴퓨터 간 통신을 한다고 가정해 봅시다. 송신자는 name의 value 값으로 '사람'의 이름을 입력하였는데, 수신자는 name의 value 값을 '학교' 이름으로 처리하였습니다. 이런 경우 두 컴퓨터 간 원활한 통신이 불가능하겠죠? 또 다른 예를 들어 보겠습니다. 이번에는 송신자와 수신자가 name 값에 사람 이름이 들어 간다는 것을 알고 있다고 가정하겠습니다. 이번엔 송신자가 name 값으로 "윤대근100"이라는 문자열과 숫자로 이루어진 데이터를 전송하였습니다. 그러나 수신자는 key 값이 name인

데이터는 문자열만 처리하도록 프로그램을 개발하였습니다. 이러한 경우도 두 컴퓨터 간 원활한 통신이 불가능하겠죠? 정확한 통신을 위해서는 데이터가 어떤 값을 가지는 지 명확한 정의를 내려야만 합니다.

● **Key-value 예제**

```
1    "name": "???"
```

DID document의 @context는 DID document에 들어가는 id, publicKey, service, controller 등의 항목이 어떤 의미를 가지는 데이터인지, 그리고 어떤 종류의 데이터가 들어가야 하는지 명확하게 정의해 주는 역할을 수행합니다. @context는 JSON-LD 문법에 따라 정의되어 있습니다. 다음 절에서 기본적인 JSON-LD 문법을 학습한 후 DID document에서 사용하는 @context에 관해서 알아보겠습니다.

JSON-LD

다음 예제를 통해 **JSON-LD(JavaScript Object Notation for Linked Data)**의 기본적인 문법을 배워 보겠습니다. JSON-LD에는 다양한 문법이 있지만 DID document의 기본적인 @context를 이해하기 위해 **@context, @id, @type** 이 3가지 정도만 알면 충분합니다. 먼저, @context는 앞서 설명한 바와 같이 key-value 구조의 key 값에 어떠한 데이터가 들어가는지 정의하는 역할을 합니다. 예를 들어, 3번째 줄 name에는 http://schema.org/name 주소에 정의된 양식대로 데이터가 들어간다고 명시되어 있습니다. schema.org 는 key 값에 많이 쓰이는 단어들에 대해서 value 값으로 어떤 값들이 들어가는지 공식적으로 제공해 주는 웹사이트입니다. 다음 캡처한 웹사이트 화면을 보면, name이 라는 key 값에는 text 값이 들어간다고 명시되어 있습니다. 그리하여 상대방에게 전달되는 값인 13번째 줄의 name에는 schema.org를 참고하여 text 데이터인 "YOON DAEGEUN"이라는 value 값을 넣었습니다.

● JSON-LD의 @context 사용 예제

```
 1  {
 2    "@context": {
 3      "name": "http://schema.org/name",
 4      "image": {
 5        "@id": "http://schema.org/image",
 6        "@type": "@id"
 7      },
 8      "homepage": {
 9        "@id": "http://schema.org/url",
10        "@type": "@id"
11      }
12    },
13    "name": "YOON DAEGEUN",
14    "image": "https://www.example.com/myImage",
15    "homepage": "https://www.example.com"
16  }
```

만약 3번째 줄에 name이 @context에 정의되어 있지 않다면 개발자는 name이라는 key
값에 대한 정확한 값을 수신하기 위해 13번째 줄을 다음과 같이 입력할 것입니다.

- "http://schema.org/name": "YOON DAEGEUN"

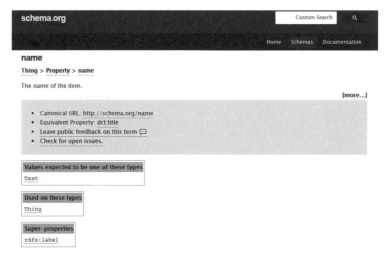

● http://schema.org/name 캡처 화면

다음으로, @id에 관하여 알아보겠습니다. @id는 key 값으로 사용될 때와 value 값으로 사용될 때의 용도가 조금 다릅니다. 5번째 줄처럼 @id가 key 값으로 사용된다면 @id에는 IRI(Internationalized Resource Identifier)가 들어가야만 한다는 뜻입니다(IRI는 앞서 배운 URI보다 조금 개선된 식별자 정도로 이해하면 됩니다). 그래서 5번째 줄 @id에는 value 값으로는 IRI인 웹주소(http://schema.org/image)가 들어가 있습니다. 4번째 줄과 5번째 줄의 의미는 image라는 key 값에는 http://schema.org/image에 정의된 양식의 데이터가 value 값으로 들어가야 한다고 정의한 것입니다.

그럼, 6번째 줄의 @type은 무엇일까요? 다음 그림을 보면 http://schema.org/image는 그림 파일이 두가지 방식으로 입력될 수 있다고 명시하고 있습니다. 그림 파일 그대로 입력하는 것을 의미하는 ImageObject나, 혹은 그림 파일이 존재하는 URI 주소값이 value 값으로 들어갈 수 있습니다. @type은 5번째 줄의 image라는 http://schema.org/image 양식을 따르는 key 값에 둘 중 어떠한 방식으로 그림 파일을 입력할지 명시하는 역할을 수행합니다. 6번째 줄에서는 @type의 value 값으로 @id가 들어갔습니다. 앞서 @id 값은 key 값으로 사용될 때와 value 값으로 사용되는 경우가 다르다고 했죠? 만약 6번째 줄처럼 @id가 value 값으로 사용된다면 image 단어의 value 값으로는 그림 파일이 위치한 IRI 주소값을 입력할 것이라는 의미입니다. 8~10번째 줄의 homepage라는 key 값도 4~6번째 줄의 image와 유사한 방식으로 정의되어 있습니다.

• http://schema.org/image 캡처 화면

2~12번째 줄을 통해 @context를 정의했으니, 정의한 @context를 어떻게 사용하는지 알아보겠습니다. @context를 사용하는 것은 간단합니다. 앞서 @context에서 정의한 대로 key 값과 value 값을 사용하면 됩니다. 13번째 줄을 한번 보시죠. name 값에는 3번째 줄에서 정의한 것처럼 오직 문자열 값인 "YOON DAEGEUN"이 value 값으로 사용되고 있습니다. 다음으로, 14번째 줄을 한번 보시죠. image 값에는 앞서 정의한 것처럼 그림 파일이 위치한 IRI 주소가 value 값으로 사용되고 있습니다. 마찬가지로 15번째 줄의 homepage도 앞서 정의한 양식대로 key-value 값이 사용되고 있습니다.

DID document의 @context

이제 기본적인 JSON-LD 문법을 알았으니 이번 절에서는 DID document의 @context에 관해서 알아보겠습니다. 다음 DID document 예제를 보면 @context의 value 값으로 IRI가 들어가 있습니다.

● **DID Document 예제**

```
1  {
2    "@context": "https://www.w3.org/ns/did/v1",
3    ...
4  }
```

@context는 앞 절의 예제처럼 직접 정의할 수 있지만, 만약 @context 양이 너무 많을 경우 @context가 정의된 IRI 주소를 입력할 수도 있습니다. @context가 정의한 IRI 주소로 접속하면, DID document에서 사용 중인 공식 @context를 확인할 수 있습니다. 공식 @context에는 다양한 종류의 key 값에 대한 정의가 있는데, 간단하게 몇 가지만 확인하고 넘어가겠습니다. 35번째 줄에는 DID Auth 권한을 가진 사람을 뜻하는 controller key 값에 대한 정의가 다음과 같이 명시되어 있습니다.

· "controller": {"@id": "sec:controller", "@type": "@id"}

"@id": "sec:controller"의 의미는 controller는 sec:controller에 정의된 양식의 데이터가 value 값으로 간다는 의미이고, "@type": "@id"의 의미는 sec:controller에 정의된 양식

중 URI 값을 value로 사용하겠다는 의미입니다. 실제 DID document의 controller 항목을 보면 URI 값인 DID 주소가 들어간 것을 확인할 수 있습니다. sec은 다음 예제 9번째 줄에 정의되어 있습니다. sec은 https://w3id.org/security#의 줄임말이고, sec:controller는 https://w3id.org/security#controller를 의미합니다.

DID document에서 사용되는 다양한 값에 대한 정의는 DID document 공식 @context에 정리되어 있으니 궁금한 분은 확인하기 바랍니다.

● **DID document에서 사용 중인 공식 @context**(※출처: https://www.w3.org/ns/did/v1)

```
1   {
2     "@context": {
3       "@version": 1.1,
4       "id": "@id",
5       "type": "@type",
6
7       "dc": "http://purl.org/dc/terms/",
8       "schema": "http://schema.org/",
9       "sec": "https://w3id.org/security#",
10      "didv": "https://w3id.org/did#",
11      "xsd": "http://www.w3.org/2001/XMLSchema#",
12
13      "EcdsaSecp256k1Signature2019": "sec:EcdsaSecp256k1Signature2019",
14      "EcdsaSecp256k1VerificationKey2019": "sec:EcdsaSecp256k1VerificationKey2019",
15      "Ed25519Signature2018": "sec:Ed25519Signature2018",
16      "Ed25519VerificationKey2018": "sec:Ed25519VerificationKey2018",
17      "RsaSignature2018": "sec:RsaSignature2018",
18      "RsaVerificationKey2018": "sec:RsaVerificationKey2018",
19      "SchnorrSecp256k1Signature2019": "sec:SchnorrSecp256k1Signature2019",
20      "SchnorrSecp256k1VerificationKey2019":
        "sec:SchnorrSecp256k1VerificationKey2019",
21      "ServiceEndpointProxyService": "didv:ServiceEndpointProxyService",
22
23      "allowedAction": "sec:allowedAction",
24      "assertionMethod": {"@id": "sec:assertionMethod", "@type": "@id",
        "@container": "@set"},
25      "authentication": {"@id": "sec:authenticationMethod", "@type": "@id",
        "@container": "@set"},
26      "capability": {"@id": "sec:capability", "@type": "@id"},
27      "capabilityAction": "sec:capabilityAction",
28      "capabilityChain": {"@id": "sec:capabilityChain", "@type": "@id",
        "@container": "@list"},
```

```
29      "capabilityDelegation": {"@id": "sec:capabilityDelegationMethod",
        "@type": "@id", "@container": "@set"},
30      "capabilityInvocation": {"@id": "sec:capabilityInvocationMethod",
        "@type": "@id", "@container": "@set"},
31      "capabilityStatusList": {"@id": "sec:capabilityStatusList", "@type": "@id"},
32      "canonicalizationAlgorithm": "sec:canonicalizationAlgorithm",
33      "caveat": {"@id": "sec:caveat", "@type": "@id", "@container": "@set"},
34      "challenge": "sec:challenge",
35      "controller": {"@id": "sec:controller", "@type": "@id"},
36      "created": {"@id": "dc:created", "@type": "xsd:dateTime"},
37      "creator": {"@id": "dc:creator", "@type": "@id"},
38      "delegator": {"@id": "sec:delegator", "@type": "@id"},
39      "domain": "sec:domain",
40      "expirationDate": {"@id": "sec:expiration", "@type": "xsd:dateTime"},
41      "invocationTarget": {"@id": "sec:invocationTarget", "@type": "@id"},
42      "invoker": {"@id": "sec:invoker", "@type": "@id"},
43      "jws": "sec:jws",
44      "keyAgreement": {"@id": "sec:keyAgreementMethod", "@type": "@id",
        "@container": "@set"},
45      "nonce": "sec:nonce",
46      "owner": {"@id": "sec:owner", "@type": "@id"},
47      "proof": {"@id": "sec:proof", "@type": "@id", "@container": "@graph"},
48      "proofPurpose": {"@id": "sec:proofPurpose", "@type": "@vocab"},
49      "proofValue": "sec:proofValue",
50      "publicKey": {"@id": "sec:publicKey", "@type": "@id", "@container": "@set"},
51      "publicKeyBase58": "sec:publicKeyBase58",
52      "publicKeyPem": "sec:publicKeyPem",
53      "revoked": {"@id": "sec:revoked", "@type": "xsd:dateTime"},
54      "service": {"@id": "didv:service", "@type": "@id", "@container": "@set"},
55      "serviceEndpoint": {"@id": "didv:serviceEndpoint", "@type": "@id"},
56      "verificationMethod": {"@id": "sec:verificationMethod", "@type": "@id"}
57   }
58 }
```

2.3 DID dereference

이번 절에서는 DID document의 특정 항목만 선택해서 호출할 수 있는 **DID dereference**에 관해서 알아보겠습니다. DID는 다음 두 번째 그림과 같이 DID의 특정 항목의 위치를 가리킬 수 있는 **DID URL**로 사용할 수도 있습니다. DID URL은 사용자의 DID 뒤에 세미콜론(';')으로 구분하여 원하는 항목을 호출할 수 있습니다. 다음 그림과 같이 service 절에서 사용했던 예제를 다시 가져와서 DID dereference를 설명하겠습니다. (1)A 회사 직원은 검증기관에게 자신의 DID인 did:sov:1234에 대한 DID Auth를 위해 DID와 함께 DID URL을 검증기관에게 전송합니다. (2)검증기관은 A 회사 직원의 DID를 참고하여 블록체인에서 해당 직원의 DID document를 가져오고, (3) A 회사 직원이 함께 보낸 DID URL을 참고하여 A 회사에게 DID Auth 요청을 보냅니다. 이후 앞의 예제와 동일하게 (4)(5)과정을 거친 후 A 회사 직원의 DID에 대한 DID Auth를 완료할 수 있습니다.

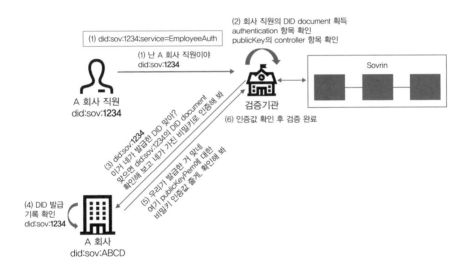

• **DID dereference를 통한 service 항목 호출**

• **DID 및 DID URL 예시**

- A 회사 직원 DID document의 id, publicKey, authentication 항목

```
      ...
 1    "id": "did:sov:1234",
 2    "publicKey": [{
 3      "id": "did:sov:1234#keys-1",
 4      "type": "RsaVerificationKey2018",  비대칭키 인증(RSA)
 5      "controller": "did:sov:ABCD",
 6      "publicKeyPem": "-----BEGIN PUBLIC KEY...END PUBLIC KEY-----\r\n"
 7    }],
 8    "authentication": [
 9      "did:sov:1234#keys-1"
10    ],
11    "service": [{
12      "id": "did:sov:1234#EmployeeAuth",
13      "type": "CompanyEmployeeAuth",
14      "serviceEndpoint": "https://company.com/employeeauthentication/"
15    }]
```

다음 그림과 같이 DID URL에서 물음표를 이용하여 질의(query) 기능을 사용할 수 있고, 샵(#)을 이용하면 특정 id가 있는 곳으로 이동할 수 있는 프래그먼트(fragment) 기능을 사용할 수도 있습니다. 웹 URL과 유사한 기능을 제공한다고 이해하면 됩니다.

did:sov:1234;service=employeeAuth/profile?query#info

DID

DID URL

- DID URL을 이용한 Query

service 절에서 사용했던 예제를 다시 한번 보겠습니다. 만약 사용자 DID document의 publicKey 항목에 다수의 인증 수단이 있을 경우 (1)과 같이 프래그먼트 기능을 이용하여 원하는 인증 수단을 선택하여 가리킬 수 있습니다.

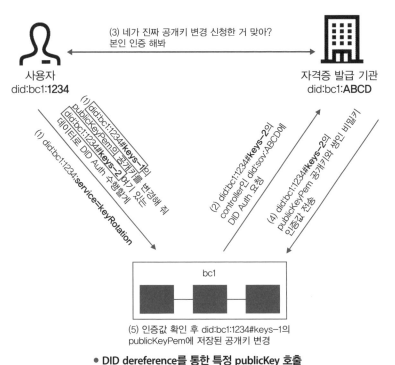

● **DID dereference를 통한 특정 publicKey 호출**

● **사용자 DID document의 publicKey, authentication, service 항목**

```
 1  ...
 2  "publicKey": [{
 3    "id": "did:bc1:1234#keys-1",
 4    "type": "RsaVerificationKey2018",   비대칭키 인증(RSA)
 5    "controller": "did:bc1:1234",
 6    "publicKeyPem": "-----BEGIN PUBLIC KEY...END PUBLIC KEY-----\r\n"
 7  }, {
 8    "id": "did:bc1:1234#keys-2",
 9    "type": "RsaVerificationKey2018",
10    "controller": "did:bc1:ABCD",   Authorization key
11    "publicKeyPem": "-----BEGIN PUBLIC KEY...END PUBLIC KEY-----\r\n"
12  }],
13  "authentication": [
14    "did:bc1:1234#keys-1",
15    "did:bc1:1234#keys-2"
16  ],
17  "service": [
```

```
18      "id": "did:bc1:1234#keyRotation",
19      "type": "RotateUserKey",
20      "serviceEndpoint": "https://example.com/keyrotation/"
21    }]
22 }
```

2.4 DID Auth

지금까지 DID와 DID document의 구성요소를 알아봤습니다. 이번 절에서는 DID의 소유권 인증 과정인 **DID Auth**에 관해 좀 더 자세히 알아보겠습니다.

먼저, DID Auth가 무엇인지부터 정의하겠습니다. SSI 관련 표준 개발자들이 작성한 "Introduction to DID Auth" 문서(https://bit.ly/2LVTLMb)에 의하면 DID Auth란 상대방에게 DID에 대한 소유권을 증명하는 과정을 일컫습니다. DID Auth를 위해서는 DID document에 포함된 publicKey와 authentication 항목 등을 사용할 수 있습니다. publicKey 항목은 이름이 꼭 비대칭키 인증만 가능한 것 같지만 생체 데이터, 문자 인증 데이터, 전화 인증 데이터 등 DID의 소유권을 증명할 수 있는 다양한 데이터를 publicKey에 입력하여 DID Auth에 사용할 수 있습니다.

DID Auth는 **Challenge-Response** 인증 방식을 사용합니다. 다음 그림은 DID Auth의 Challenge-Response 인증 방식의 예를 보여 줍니다. 사용자의 DID와 DID Document를 획득한 검증자는 (3)DID document에 포함된 인증 관련 데이터를 사용하여 Challenge를 생성한 후 사용자에게 전송합니다. (4)Challenge를 받은 사용자는 자신의 DID document에 명시했던 publicKey와 authentication 항목을 사용해서 Response를 생성한 후 검증자에게 전송합니다. 이처럼 사용자와 검증자 간 Challenge와 Response를 교환하고 검증하는 과정이 DID Auth입니다.

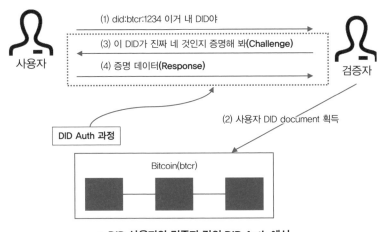

● **DID 사용자와 검증자 간의 DID Auth 예시**

publicKey & authentication 절에서 언급했듯이 DID로 식별되는 사용자(객체)와 해당 DID에 대한 DID Auth를 하는 controller는 다를 수도 있다고 하였습니다. 다음 그림을 보면 사용자의 DID와 DID document를 획득한 검증자는 사용자 DID document의 publicKey와 authentication 항목을 확인한 후, DID Auth를 수행할 수 있는 controller DID에 DID Auth를 요청합니다. Controller로부터 Challenge에 대한 올바른 Response를 수신받는다면 검증자는 해당 DID를 식별하는 사람이 사용자라는 것을 확신할 수 있습니다.

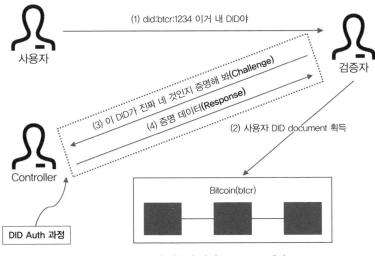

● **Controller와 검증자 간의 DID Auth 예시**

당연히 쌍방 간 DID Auth도 가능합니다. 다음 그림은 사용자 1과 사용자 2가 각자 자신의 DID 소유권을 검증하기 위해 DID Auth를 수행하는 과정을 보여 주고 있습니다. 먼저, (1)사용자 1과 사용자 2가 각자 자신의 DID를 전송합니다. (2)DID를 수신한 두 사용자는 DID method에 명시된 저장소를 통해 DID document를 획득합니다. (3)두 사용자는 상대방의 DID document에 포함된 인증 관련 데이터를 사용해서 Challenge를 생성한 후 상대방에게 전송합니다. (4)Challenge를 수신한 각각의 사용자는 각자의 DID document 내 publicKey와 authentication 항목에 정의했던 방법대로 Response를 생성하여 상대방에게 전송합니다. 두 사용자 모두 올바른 Response 데이터를 수신한다면 두 사용자 간 DID Auth는 완료됩니다.

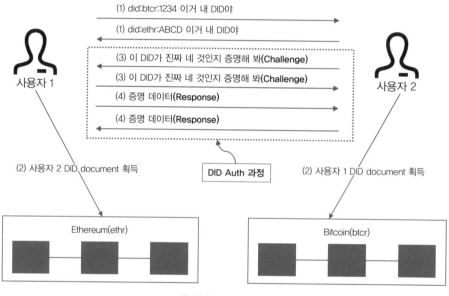

● **쌍방 간 DID Auth 예시**

앞서 보여 준 3가지 예제 외에도 DID 소유권을 증명하기 위해 Challenge와 Response를 주고받는 모든 과정이 DID Auth입니다. DID를 적용하려는 플랫폼의 요구사항에 따라 DID Auth에는 비대칭키 암호 외에도 생체 인증, 전화 인증 등 다양한 데이터가 사용될 수 있습니다.

2.5 DID deactivation

이번 절에서는 DID를 폐기 혹은 비활성화할 수 있는 **DID deactivation**에 관해서 알아보겠습니다. 만약 블록체인이 아닌 중앙화된 데이터베이스를 사용하여 DID 기능을 제공한다면 DID deactivation은 크게 어렵지 않을 것입니다. 그렇다면, 블록체인에서는 어떤 방식으로 DID deactivation을 할 수 있을까요? 2020년 6월 현재, DID 표준 문서에는 DID deactivation에 대해, DID 기능을 지원하는 저장소에서 알아서 처리하라는 내용만 명시되어 있습니다. 즉, 각각의 플랫폼에 맞게 deactivation 방식이 구현되어야 하는데, 이번 절에서는 Sovrin 플랫폼에서 사용하는 Hyperledger Indy 블록체인 노드가 DID deactivation을 수행하는 방식을 설명하겠습니다.

Hyperledger Indy 블록체인 노드에서의 DID deactivation은 생각보다 간단합니다. 다음 그림과 같이 (1) 사용자는 더 이상 사용하지 않을 DID가 가리키는 DID document의 공개키 값을 모두 0으로 변경합니다. 그럼, 해당 DID에 대한 DID Auth를 수행하기 위해서는 키 값이 모두 0인 공개키와 쌍인 비밀키를 알아야만 합니다. 하지만, 해당 공개키에 대한 비밀키는 아무도 모르기 때문에 해당 DID는 더 이상 누구도 사용할 수 없게 됩니다. 이처럼 Hyperledger Indy와 같은 블록체인에서는 DID와 DID document를 완전히 삭제할 수 없고, 누구도 사용하지 못하도록 업데이트하는 방식으로 DID deactivation을 수행할 수 있습니다.

> **NOTE**
>
> 안전한 암호 알고리즘을 사용한다는 전제하에 키 값이 모두 0인 공개키에 대한 비밀키를 누가 가지고 있거나 찾을 수 있는 확률은 굉장히 낮습니다. 일상에서의 예를 들어볼까요? 우리는 맑은 날씨에 길을 걷다가 벼락에 맞아 죽거나, 살면서 여러 번 로또에 당첨되는 일 등에 대해선 전혀 걱정하거나 기대를 하지 않습니다. 마찬가지로 안전한 암호 알고리즘에 대한 비밀키를 찾을 확률 역시 희박하니 전혀 신경 쓰지 않아도 괜찮습니다. 비밀키를 찾는 방법이 있었다면 그 유명한 사토시가 가진 비트코인도 누군가가 비밀키를 찾아서 사용했겠죠?

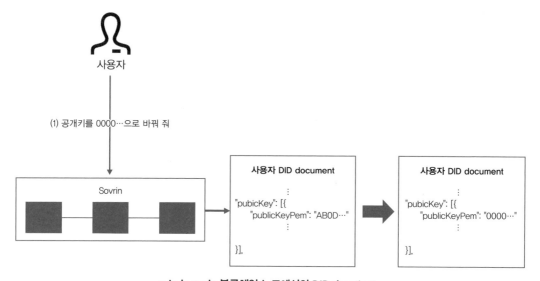

● indy-node 블록체인 노드에서의 DID deactivate

이번 절에서는 저장된 DID document를 가져오기 위해 사용되는 **DID resolver**에 관해서 알아보겠습니다. 다음 그림과 같이 DID resolver는 사용자 디바이스용, 또는 서버와 같은 외부 디바이스용의 2가지 방식으로 개발될 수 있습니다. 먼저, 사용자 디바이스용 DID resolver는 용어 그대로 사용자의 PC, 모바일 단말 등에서 사용되는 DID resolver를 말합니다. 사용자 디바이스에 DID resolver 설치 시 장점은 사용자가 직접 DID document를 저장하고 불러오기 때문에 CA와 같은 제3의 기관 없이 신뢰성 있는 결과를 수신할 수 있다는 점입니다. 반면, 단점은 다양한 종류의 DID document 저장소를 사용할수록 사용자 디바이스에 이를 지원하는 DID resolver driver를 설치해야 한다는 점입니다. 모든 사람이나 기관이 하나의 통일된 저장소에 DID document를 저장하지 않기 때문에, 원활한 DID Auth를 수행하려면 많은 사람들이 사용하는 대표적인 저장소에 대한 DID resolver driver가 필수적으로 설치돼 있어야 할 것입니다.

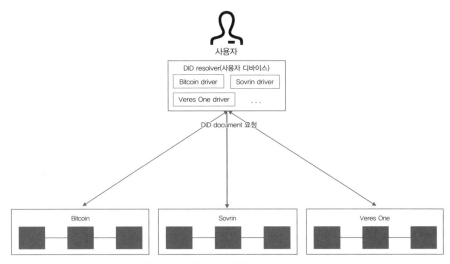

● **사용자 디바이스에 설치된 DID resolver 예**

다음으로, 외부 디바이스에 설치된 DID resolver를 알아보겠습니다. 서버와 같은 외부 디바이스에 DID resolver를 설치할 경우, 사용자는 외부에 설치된 DID resolver에게 REST API 등을 이용해 DID document를 요청하는 메시지만 보낼 수 있으면 됩니다. 요청을 받은 외부 DID resolver가 실제 블록체인에게 DID document를 요청하고 수신받은 후 사용자에게 전달합니다. 외부에 설치된 DID resolver를 사용할 때의 장점은 사용자의 디바이스에 부담이 덜 가고 고사양의 외부 DID resolver를 통해 좀 더 원활한 서비스를 사용할 수 있다는 점입니다. 다만, 단점으로는 제3자가 DID resolver를 통해 다수의 사용자에게 DID document를 제공할 경우, 해커들의 표적이 되는 잠재적인 위협이 발생할 수도 있습니다.

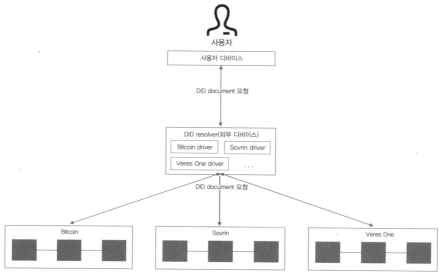

● 외부 디바이스에 설치된 DID resolver 예

DID를 활용한 서비스를 개발하려는 기업들은 위 2가지 경우의 장단점을 충분히 심사숙고한 후 서비스를 개발해야만 합니다. 다음 절에서는 DID resolver와 블록체인 내부에서 DID Document를 불러오는 작업이 어떻게 이루어지는지 알아보겠습니다.

> **NOTE**
>
> 앞으로 나오는 설명과 그림은 직관적인 설명을 돕기 위해, 모두 외부 디바이스에 설치된 DID resolver인 경우라고 가정하겠습니다. 사용자 디바이스에 설치된 DID resolver도 외부 디바이스에 설치된 것과 유사하게 동작한다고 생각하면 됩니다.

2.6.1 DID resolution

DID document를 저장하는 방식은 각각의 저장소마다 다를 수 있습니다. 어떤 저장소는 DID document를 JSON 형태 그대로 저장하는 반면, 어떤 저장소는 DID document의 항목을 개별적으로 저장할 수도 있습니다. 만약 저장소가 DID document를 JSON 형태 그대로 저장할 경우엔, 저장소는 DID document를 JSON 형태 그대로 반환할 수 있기 때문에 DID resolver는 별다른 작업 없이 저장소로부터 수신한 값을 그대로 사용자에게 반환하면 됩니다. 하지만, DID document의 항목들이 개별적으로 저장돼 있다면 DID resolver는 개별적으로 수신되는 데이터들을 취합하여 JSON 등의 적절한 형태로 데이터를 가공해야 합니다. 이번 절에서는 DID 기능을 제공하는 Veres One, Hyperledger Indy, Bitcoin 3가지 플랫폼의 예제를 통해, DID document를 불러오는 과정인 DID resolution을 알아보겠습니다.

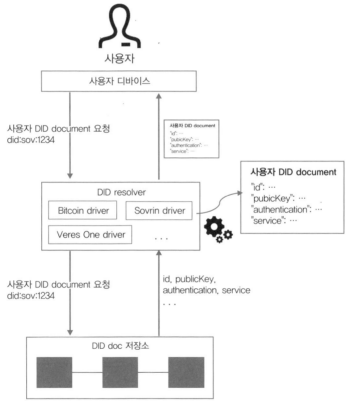

● **DID resolution 동작 과정 예시**

Veres One

먼저, 가장 단순한 Veres One 블록체인 플랫폼의 DID resolution 방식을 알아보겠습니다. Veres One의 경우 Veres One 노드가 제공하는 REST API 등을 이용하여, JSON 양식의 데이터를 호출하듯이 DID document를 호출할 수 있습니다. 다음 그림을 예로 들어 설명하겠습니다. (1) 사용자는 DID resolver에 DID document를 요청합니다. (2) 요청을 받은 DID resolver는 Veres One driver를 통해 Veres One 블록체인에 맞는 DID document 요청 메시지를 생성하여 Veres One 블록체인 노드에 전송합니다(앞서 말했듯이 Veres One은 REST API를 이용해서 DID document 생성 및 읽기 요청을 할 수 있습니다). (3)(4)(5) Veres One 블록체인 노드는 수신 요청에 따라 DID를 검색하여 DID document를 DID resolver에게 반환하고, DID resolver는 사용자 디바이스가 전달받은 DID document를 그대로 반환합니다.

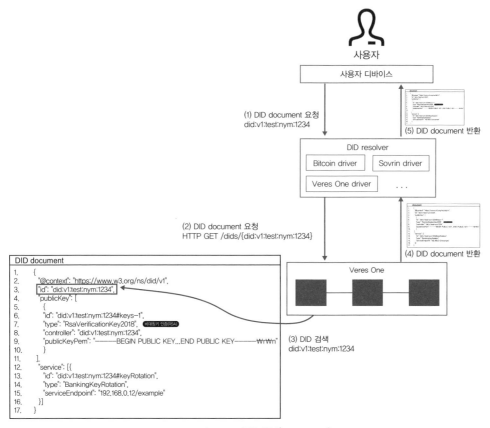

● **DID resolution 과정 예시(Veres One)**

Hyperledger indy

다음으로, Sovrin 플랫폼에서의 DID resolution 방식을 알아보겠습니다(Sovrin은 Hyperledger Indy 블록체인 노드를 사용하는데, 이번 절에서 Hyperledger Indy 블록체인 노드는 Sovrin 노드라고 칭하겠습니다).

(1)앞 절과 마찬가지로 사용자는 DID resolver에 DID document를 요청합니다. (2)요청을 받은 DID resolver는 Sovrin driver를 통해 Sovrin 블록체인 플랫폼에 맞는 DID document 요청 메시지를 생성하여 Sovrin 노드에 전송합니다. Sovrin 노드에는 Veres One과 달리 JSON 형식 그대로 DID document가 저장되지 않고 공개키 값, service 항목 값 등이 여러 종류의 트랜잭션에 나뉘어서 저장됩니다. 다음 예제에서는 DID resolver가 사용자 DID에 대한 공개키 값인 verkey와 service 항목 값인 service를 요청한다고 가정하였습니다(Sovrin 플랫폼에서는 DID 관리, 노드 관리, 네트워크 관리 등 사용하려는 기능에 따라 다양한 종류의 트랜잭션이 사용되는데, DID 관리를 위해서는 NYM, ATTRIB라는 트랜잭션이 사용됩니다). (3)요청을 받은 Sovrin 노드는 사용자 DID의 Method-specific identifier를 사용하여 블록체인에 저장된 NYM 트랜잭션에서는 공개키 값을 검색하고 ATTRIB 트랜잭션에서는 service 항목 값을 검색합니다(Method-specific identifier가 무엇인지 기억나지 않는다면 DID 절을 다시 한번 확인하기 바랍니다). (4)검색을 마

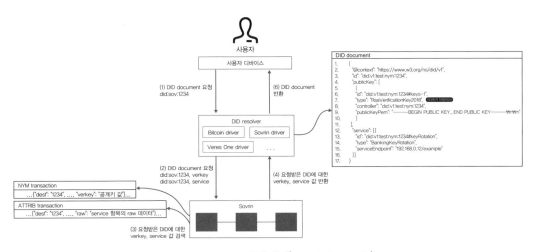

● **DID resolution 과정 예시(Hyperledger Indy)**

친 Sovrin 노드는 DID resolver의 요청에 따라 공개키 값인 verkey와 service 항목 값인 service를 DID resolver에게 반환합니다. (5) verkey와 service 값을 수신한 DID resolver는 수신받은 값을 JSON 양식의 DID document로 변환한 후 사용자에게 반환합니다.

Bitcoin

앞서 설명한 2가지 플랫폼은 모두 DID에 특화된 블록체인 플랫폼입니다. 이번 절에서는 비트코인을 통해 기존 블록체인 플랫폼에는 어떻게 DID 기술이 적용될 수 있는지 알아보겠습니다.

먼저, 다음 그림을 통해 비트코인 플랫폼에서 DID를 생성하는 방법을 알려드리겠습니다. Scheme과 DID method는 다른 플랫폼과 유사한 방식으로 생성하고, method-specific identifier는 트랜잭션 ID(txid), 트랜잭션이 합의된 블록체인의 블록 번호(blockheight), 블록 내 트랜잭션 위치(transaction position)와 같은 3가지 데이터를 이용하여 BIP-0136에 따라 인코딩합니다. 그러면 비트코인에서 사용할 수 있는 DID가 생성됩니다(BIP-0136에 따라 인코딩된 값을 TxRef라고 부르는데, 자세한 인코딩 방식은 https://en.bitcoin.it/wiki/BIP_0136에서 확인할 수 있습니다).

● 비트코인 DID 예시

다음 그림은 비트코인 플랫폼에서의 DID resolution 과정을 보여 주고 있습니다. (1) 사용자는 DID resolver에게 DID document를 요청합니다. DID 양식은 앞서 설명한 대로 did:btcr:TxRef 형식을 따라서 생성합니다. (2)(3) DID resolver는 TxRef를 참조하여 TxRef가 가리키는 트랜잭션을 획득합니다. 예제에서는 1234567번째 블록의 트랜잭션 중 10번 트랜잭션이라고 가정하겠습니다(줄여서 TX #10이라고 하겠습니다). (4)이후 DID resolver는 TX #10을 참고하여 DID document를 생성합니다. (4.1)TXIN 값을 참조하여 DID document 내 publicKey 항목의 데이터를 구하고, (4.2)TXOUT의 OP_RETURN 값을 참조하여 service 항목에 대한 데이터를 가진 외부 서버의 URL을 획득합니다. OP_RETURN에는 40바이트의 제한적인 데이터만 들어갈 수 있기 때문에 OP_RETURN에는 데이터가 위치한 URL만 입력하고, OP_RETURN의 URL을 참고하여 service 항목 등 publicKey 항목을 제외한 실제 DID document에 들어가는 데이터를 가져오게 합니다. DID resolver는 TX #10을 참조하여 획득한 값을 취합한 후, 사용자가 필요한 포멧으로 DID document를 생성하여 사용자에게 반환합니다.

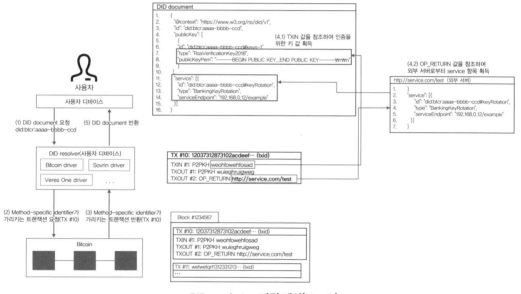

● **DID resolution 과정 예시(Bitcoin)**

앞서 소개한 3가지 플랫폼 외에도 이더리움, 하이퍼레저 패브릭 등 다양한 플랫폼에서 DID 기능을 제공하기 위한 많은 시도들이 이루어지고 있습니다.

> **NOTE**
>
> 현재 DIF(Decentralized Identity Foundation)에서 개발한 universial resolver라는 오픈소스 프로젝트에서 다양한 종류의 DID resolver driver를 제공하고 있습니다. https://github.com/decentralized-identity/universal-resolver에 접속하면 관련 내용을 확인할 수 있습니다.

2.6.2 DID registrar

마지막으로, **DID registrar**를 간략하게 설명하고 넘어가겠습니다. DID document를 읽어오는 방식이 각각의 플랫폼마다 다르듯이, DID document를 등록하는 방법도 플랫폼마다 다를 수 있습니다. 이러한 환경에서 DID document를 등록할 수 있게 도와주는 도구가 바로 DID registrar인데, DID resolver와 유사한 원리로 작동합니다. 사용자의 DID document 등록 요청을 받은 DID registrar는 사용자의 요구에 따라서 DID document를 등록할 플랫폼에 맞게 트랜잭션, API 등을 생성하여 DID document를 등록합니다.

> **NOTE**
>
> DID registrar도 현재 DIF(decentralized Identity Foundation)에서 개발한 universial registrar 라는 오픈소스 프로젝트에서 다양한 종류의 DID registrar driver를 제공하고 있습니다. https:// github.com/decentralized-identity/universal-registrar에 접속하면 관련 내용을 확인할 수 있습니다.

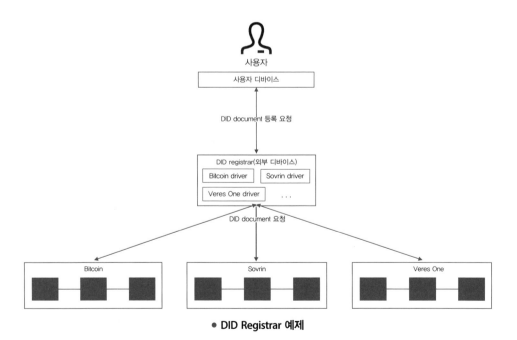

● **DID Registrar 예제**

마지막으로, 이번 절에서는 DID에 관한 중요한 2가지 개념만 다시 정리하고 마치겠습니다.

먼저, 식별자인 DID와 3장에서 배울 VC 및 VP의 개념을 정리하고 넘어가겠습니다. 종종 식별자인 DID와 신분증인 VC를 혼동하는 경우를 봅니다. DID와 3장에서 배울 VC 및 VP는 각각의 용도가 확연히 다릅니다. 예를 들어, 주민등록번호가 식별자이고 주민등록증이 신분증이듯이, SSI에서는 DID가 식별자이고 VC 및 VP가 실제 신분증 용도로 사용됩니다. 당연히 DID 기술 자체로는 신분증의 역할을 할 수 없습니다.

다음으로, DID Auth에 관해서 다시 한 번 정리하겠습니다. DID Auth란 해당 DID가 식별하고 있는 것이 본인 소유라는 것을 증명하는 것입니다(다른 말로는 DID에 대한 소유권을 주장한다고 얘기할 수도 있습니다). 예를 들어, 본인 신분증에 명시된 DID에 대한 DID Auth 과정을 수행함으로써 신분증이 자신의 것이라고 증명할 수 있습니다.

앞서 설명한 두 개념을 머릿속에 잘 넣어 둔다면 다음 장을 공부하는 데 많은 도움이 될 것입니다.

지금까지 SSI의 핵심인 DID, DID document, VC, VP 기술 중 DID 기술에 관해서 공부하였습니다. 다음 장에서 SSI의 남은 핵심 구성요소인 VC/VP 기술을 알아보겠습니다.

VC & VP 3

앞 장에서 배운 DID와 DID document는 ID의 구성요소 중 식별자와 인증 수단의 역할을 담당합니다. 이번 장에서 배울 **VC(Verifiable Credential, 검증 가능한 자격증명)**와 **VP(Verifiable Presentation, 검증 가능한 제공 ID 데이터 집합)**는 사용자가 사용하는 실질적인 신분증 역할을 담당합니다. **사용자(Holder)**는 **발행인(Issuer)**으로부터 VC를 발급받을 수 있습니다. VC는 주민등록증, 여권 등과 같은 일반적인 신분증뿐만 아니라 자격증, 졸업증명서, 재직증명서 같은 각종 증명서, 특정인과의 관계와 같은 자신에 대한 모든 정보를 ID 속성에 명시할 수 있습니다. 즉, 자신을 표현할 수 있는 모든 정보가 VC의 속성에 포함될 수 있습니다. 사용자는 **검증인(Verifier)**에게 VC를 원본 그대로 제출하지 않습니다. 자신이 가진 VC의 ID 속성 중 필요한 속성만을 추출하여 하나의 VP로 생성한 뒤 자신의 서명을 추가하여 제출합니다. 이러한 방식으로 신분증을 제출하면, 포함된 모든 속성을 제출해야 하는 기존 신분증과 달리 필요한 속성만을 선택해서 제출할 수 있습니다. 따라서 사용자의 프라이버시가 보호될 수 있습니다. 마지막으로, 사용자로부터 VP를 수신한 검증기관은 VP에 포함된 ID 속성과 사용자 정보를 확인한 후 각각의 ID 속성을 발행한 발행기관과 VP를 제출한 사용자에 대한 검증 작업을 수행합니다. 다음은 SSI 플랫폼에서의 데이터 흐름도를 요약한 그림입니다.

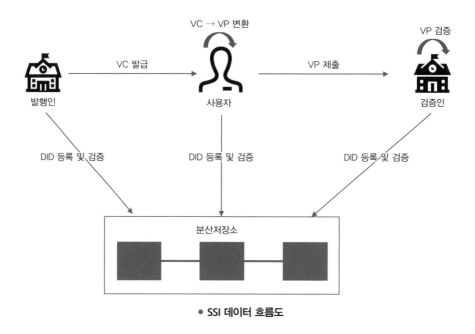

VC → VP 변환

VP 검증

VC 발급

VP 제출

발행인

사용자

검증인

DID 등록 및 검증

DID 등록 및 검증

DID 등록 및 검증

분산저장소

● **SSI 데이터 흐름도**

앞 장에서 DID와 DID document를 잘 이해했다면 VC와 VP를 공부하는 것은 크게 어렵지 않을 것입니다. 그럼, 지금부터 본격적으로 VC와 VP에 관해서 알아보겠습니다.

3.1 VC 데이터 모델

사용자는 발행인으로부터 자신의 ID 속성을 증명할 수 있는 신원증명을 발급받을 수 있습니다. 이러한 신원증명을 **VC(Verifiable Credential)**라고 부르는데, 주민등록증과 같은 신분증부터 졸업증명서, 재직증명서, 자격증, 혹은 다른 사람과의 관계까지 자신을 표현할 수 있는 모든 종류의 ID 속성이 VC에 포함될 수 있습니다. VC는 다음 그림과 같이 Credential metadata, Claim(s), Proof(s)로 구성됩니다. 그럼, 다음 절에서는 각각의 구성요소가 어떤 역할을 하는지 알아보겠습니다.

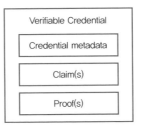

• **VC 데이터 모델**

먼저, **Credential metadata**는 VC를 누가 발행했는지, VC가 명시하고 있는 객체 (Credential subject), VC의 만료 기간, VC의 폐기 방법 등이 정의되어 있습니다.

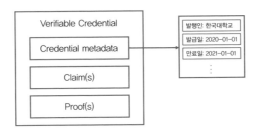

• **Credential metadata 데이터 예시**

Claim(s)에는 Credential subject의 ID 속성에 대한 정보가 Subject-Property-Value 방식으로 저장됩니다. 즉, 어떤 Subject에 대한 ID 속성인지, 그리고 해당 Subject가 어떤 Property를 가지고 있으며, Property의 값으로는 어떤 value를 가지고 있는지에 관한 정보를 포함합니다.

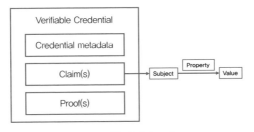

• **Claim(s) 데이터 모델**

예를 들어, 다음 그림을 보면 VC의 Claim에는 윤대근이라는 **Subject**의 학교명, 전공, 학점이라는 **Property**와 Property의 대응되는 **Value** 값인 한국대학교, 컴퓨터, 3.5가 명시돼 있습니다(표준 문서에 의하면 해당 자료구조는 non-normative로서 꼭 지켜야 할 자료구조 형식은 아니며, 서비스나 플랫폼에 따라 다양한 자료구조가 사용될 수 있습니다).

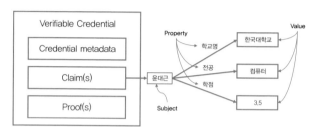

● **졸업증명서 Claim(s) 예시**

Claim에는 여러 개의 Subject가 명시될 수 있습니다. 예를 들어, 다음 그림에는 윤대근과 김교수라는 두 개의 Subject가 있습니다. 이때 윤대근이라는 Subject의 Property로 지도교수가 들어갈 수 있고, 해당 Property에 대응되는 value로서 김교수라는 Subject가 들어갈 수도 있습니다. 이처럼 Claim을 이용해서 특정인과의 관계까지도 표현할 수 있는 것이죠. 이밖에도 Claim의 자료구조를 잘 설계하면 사용자에 대한 모든 정보를 Claim 내에 표현할 수 있습니다.

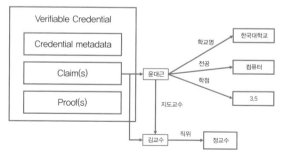

● **복수 개의 Subject 데이터 예시**

마지막으로 Proof(s)는 VC에 대한 진위 여부 검증에 필요한 값이 포함되는데 RSA,

ECDSA, 생체 인증 등 검증을 위한 다양한 암호 기법이 사용될 수 있습니다. 검증인은 VC의 Proof를 검증함으로써 해당 VC가 VC에 명시된 발행인으로부터 발행된 것인지 검증할 수 있습니다.

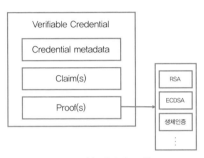

● **Proof(s) 데이터 모델**

예를 들어, 앞서 설명한 Claim(s) 졸업증명서 예제의 Proof 항목에는 다음 그림과 같이 Proof 생성을 위해 사용한 서명 알고리즘, 서명 생성자, 서명 생성일, 서명 검증 방법, 그리고 서명이 포함될 수 있습니다.

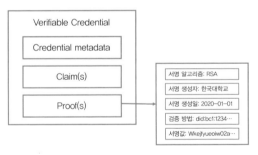

● **졸업증명서 Proof 예시**

다음 그림은 Claim 내 복수 개의 Subject가 존재하는 경우 생성될 수 있는 **Proof(s)** 데이터 예시입니다. VC를 발급한 한국대학교의 서명뿐만 아니라 앞서 예제에서의 윤대근과 김교수 사이의 관계를 검증하기 위한 김교수의 서명값도 포함돼 있습니다. 즉, 김교수가 윤대근의 지도교수인 것을 검증하기 위해 김교수의 서명값이 필요하다는 것이죠. 다음 예제는 하나의 예시일 뿐, VC 내 Proof는 다양한 방식으로 사용될 수 있습니다. 예를 들어, 다음 그림에서는 지도교수 검증을 위해 지도교수의 서명값이 필요했지만, 윤대근의 지도교수가 누구인지 한국대학교에서 검증해 준다면 지도교수의 서명 없이 한국대학교의 서명 하나만 있어도 검증이 가능할 수도 있습니다.

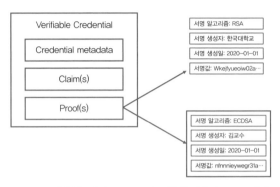

● **Claim 내 복수 개의 Subject가 포함된 경우의 Proof 예시**

3.2 ▶ **VC 구성요소**

VC에 기본적으로 포함되는 데이터 항목은 @context, id, type, issuer, issuanceDate, expirationDate credentialSubject, proof로 구성되어 있습니다. 만약 DID document의 데이터 항목을 잘 이해했다면 이번 절을 공부하는 데 크게 어렵지 않을 것입니다. 그럼, 지금부터 다음 예제를 통해 VC를 이루는 각각의 항목을 알아보겠습니다.

● **VC 예제**

```
1  {
2    "@context": [
3      "https://www.w3.org/2018/credentials/v1",
4      "https://www.example.edu/context"
5    ],
6    "id": "http://example.edu/credential/yoon",
```

```
7       "type": ["VerifiableCredential", "KoreanUniversityCredential"],
8       "issuer": "did:sov:ABCD",
9       "issuanceDate": "2020-01-01T20:00:00Z",
10      "expirationDate": "2021-01-01T20:00:00Z",
11      "credentialSubject": {
12        "id": "did:sov:1234",
13        "degree": {
14          "name": "Hankuk university",
15          "major": "computer",
16          "gpa": "3.5"
17        }
18      },
19      "proof": {
20        "type": "RsaSignature2018",
21        "created": "2020-01-01T20:00:00Z",
22        "creator": "Hankuk university",
23        "verificationMethod": "https://example.edu/issuers/keys/1",
24        "jws": "eyJhbGciOifweaobowbagkjgvbboewafda..."
25      }
26    }
```

3.2.1 @context

이번 절에서는 VC의 **@context** 항목에 관해 알아보겠습니다. VC의 @context 항목도 DID document의 @context 항목과 마찬가지로 통신하는 서로 간의 정확한 통신을 위해 데이터가 어떤 값을 가지는지 정의를 내리는 역할을 수행합니다. 다음 VC 예제의 @context 항목에는 2가지 콘텍스트가 정의되어 있습니다. 3번째 줄의 URL은 VC의 공식 콘텍스트가 명시된 위치를 가리키고, 4번째 줄의 URL은 개발자가 자체 제작한 콘텍스트의 위치를 가리킵니다. 먼저, 3번째 줄의 공식 콘텍스트를 한번 살펴보겠습니다.

● **VC 예제(@context 항목)**

```
1    {
2      "@context": [
3        "https://www.w3.org/2018/credentials/v1",
4        "https://www.example.edu/context"
5      ],
6    ...
```

다음 예제는 VC 공식 콘텍스트의 일부를 발췌해 온 것입니다. W3C 표준에 따르면 VC 데이터를 원활하게 교환하기 위해서는 이 3번째 줄의 VC 공식 콘텍스트는 꼭 VC 내에 들어가야 합니다. 또한, @context 항목은 ordered set의 자료구조를 가지기 때문에 공식 콘텍스트는 @context 항목의 첫 번째 줄에 위치해야만 합니다. VC를 수신한 상대방은 @context 항목 내 명시된 콘텍스트를 참고하여 데이터를 해석할 수 있습니다. 다음 예제의 7~54번째 줄을 보면, VC에는 데이터가 어떻게 정의될 수 있는지를 나열한 VerifiableCredential이 있습니다. VerifiableCredential에는 VC 내에 들어갈 수 있는 다양한 항목이 정의되어 있습니다. 예를 들어, 30번째 줄에는 VC가 가리키는 객체인 credentialSubject 항목에 대한 데이터가 어떻게 정의되는지 명시되어 있고, 35번째 줄에는 VC를 누가 발행했는지를 알려주는 issuer 항목에 대한 데이터가 어떻게 정의되는지 명시되어 있습니다. VC 공식 콘텍스트에는 VerifiableCredential 외에도 VP에 대한 정의, 암호화 기법에 대한 정의 등 VC 통신에 필수적인 데이터에 관한 정의가 나열되어 있습니다. 자세한 사항은 공식 콘텍스트 URL에 접속하면 확인할 수 있습니다.

● **VC 공식 콘텍스트 일부(https://www.w3.org/2018/credentials/v1)**

```
1   {
2     "@context": {
3       "@version": 1.1,
4       "@protected": true,
5       "id": "@id",
6       "type": "@type",
7       "VerifiableCredential": {
8         "@id": "https://www.w3.org/2018/credentials#VerifiableCredential",
9         "@context": {
10          "@version": 1.1,
11          "@protected": true,
12          "id": "@id",
13          "type": "@type",
14          "cred": "https://www.w3.org/2018/credentials#",
15          "sec": "https://w3id.org/security#",
16          "xsd": "http://www.w3.org/2001/XMLSchema#",
17          "credentialSchema": {
18            "@id": "cred:credentialSchema",
19            "@type": "@id",
20            "@context": {
21              "@version": 1.1,
```

```
22        "@protected": true,
23        "id": "@id",
24        "type": "@type",
25        "cred": "https://www.w3.org/2018/credentials#",
26        "JsonSchemaValidator2018": "cred:JsonSchemaValidator2018"
27       }
28      },
29     "credentialStatus": {"@id": "cred:credentialStatus", "@type":
    "@id"},
30     "credentialSubject": {"@id": "cred:credentialSubject", "@type":
    "@id"},
31     "evidence": {"@id": "cred:evidence", "@type": "@id"},
32     "expirationDate": {"@id": "cred:expirationDate", "@type":
    "xsd:dateTime"},
33     "holder": {"@id": "cred:holder", "@type": "@id"},
34     "issued": {"@id": "cred:issued", "@type": "xsd:dateTime"},
35     "issuer": {"@id": "cred:issuer", "@type": "@id"},
36     "issuanceDate": {"@id": "cred:issuanceDate", "@type":
    "xsd:dateTime"},
37     "proof": {"@id": "sec:proof", "@type": "@id", "@container":
    "@graph"},
38     "refreshService": {
39       "@id": "cred:refreshService",
40       "@type": "@id",
41       "@context": {
42         "@version": 1.1,
43         "@protected": true,
44         "id": "@id",
45         "type": "@type",
46         "cred": "https://www.w3.org/2018/credentials#",
47         "ManualRefreshService2018": "cred:ManualRefreshService2018"
48       }
49      },
50     "termsOfUse": {...},
51     "validFrom": {...},
52     "validUntil": {...}
53    }
54   },
55  "VerifiablePresentation": {...},
56  ...
```

콘텍스트에는 꼭 공식 콘텍스트 하나만 사용될 필요는 없습니다. 필요에 따라 공식 콘텍스트와 함께 자체 제작한 콘텍스트를 사용할 수도 있습니다. 예를 들어 설명하겠습니다. 다음 예제를 개발자가 직접 제작한 콘텍스트라고 가정해 봅시다. 예제의 12 번째 줄을 보면, 졸업 성적인 gpa는 ex:gpa(https://testschame.org/examples#gpa)에 명시된 방식대로 데이터를 만들어야 한다고 정의되어 있습니다. 그리고 19번째 줄에는 성은 schema:familyName에 명시된 방식대로 데이터를 만들어야 한다고 정의되어 있습니다. 이처럼 개발하는 서비스에 추가적인 콘텍스트가 필요할 시 필요한 콘텍스트를 자체적으로 제작하여 @context 항목에 입력하면, VC를 교환할 때 @context를 참고하여 키 값들이 어떻게 정의됐는지 확인하고 올바른 값을 주고받을 수 있습니다.

● **VC 샘플 콘텍스트(https://www.example.edu/context)**

```
1   [
2     { "@version": 1.1 },
3     "https://www.w3.org/ns/odrl.jsonld",
4     {
5       "ex": "https://testschame.org/examples#",
6       "schema": "http://schema.org/",
7       "rdf": "http://www.w3.org/1999/02/22-rdf-syntax-ns#",
8       "KoreanUniversityCredential": "ex:KoreanUniversityCredential",
9       "3rdPartyCorrelation": "ex:3rdPartyCorrelation",
10      "BachelorDegree": "ex:BachelorDegree",
11      "gpa": "ex:gpa",
12      "gradDate": "ex:graduateDate",
13      "CLSignature2019": "ex:CLSignature2019",
14      "Mother": "ex:Mother",
15      "issuerData": "ex:issuerData",
16      "attributes": "ex:attributes",
17      "givenName": "schema:givenName",
18      "familyName": "schema:familyName",
19      "parent": {
20        "@id": "ex:parent",
21        "@type": "@id"
22      }
23    }
24  ]
```

3.2.2 type

type은 어떤 데이터가 사용될 것인지 명시하는 항목입니다. 다음 예제 7번째 줄의 VerifiablCredential은 VC는 공식 콘텍스트 내 정의된 VC 데이터 기본 구조에 따라 VC 를 생성할 것이라는 의미이고, KoreanUniversityCredential은 자체 제작한 콘텍스트 내 정의된 데이터 구조에 따라 졸업 증명에 필요한 데이터를 생성할 것이라는 의미입니다.

> **NOTE**
>
> 예제에서는 콘텍스트 내 KoreanUniversityCredential에 대한 데이터 정의를 명확하게 하지 않고 가상의 URL을 통해 관련 데이터가 정의돼 있다고만 명시하였습니다. KoreanUniversity Credential에는 졸업 증명 Claim 생성을 위한 성적 표기 방식, 대학명 표기 방식, Claim에 대한 서명 알고리즘 등 졸업 증명과 관련된 다양한 데이터의 사용법 정의가 포함될 수 있습니다

또한, 다음 예제의 19번째 줄의 proof에는 공식 콘텍스트 내 정의된 RsaSignature2018 방식에 따라 검증 데이터를 생성할 것이라고 명시하였습니다.

> **NOTE**
>
> 만약 type에 정의된 값이 공식 콘텍스트에도 존재하고 자체 제작한 콘텍스트에도 존재한다면 공식 콘텍스트를 우선적으로 반영합니다. 이러한 이유로 @context는 ordered set 구조를 가지며, 공식 콘텍스트가 항상 맨 첫 줄에 위치해야 하는 것입니다.

● **VC 예제(type 항목)**

```
    ...
 7    "type": ["VerifiableCredential", "KoreanUniversityCredential"],
    ...
19    "proof": {
20      "type": "RsaSignature2018",
21      "created": "2020-01-01",
22      "creator": "Hankuk university",
23      "verificationMethod": "https://example.edu/issuers/keys/1",
24      "jws": "eyJhbGciOifweaobowbagkjgvbboewafda..."
25    }
    }
```

3.2.3 id

id 항목은 이름 그대로 식별자 역할을 합니다. VC 내에는 다양한 종류의 식별자가 들어갈 수 있습니다. 다음 예제에서는 두 종류의 id가 사용되고 있습니다. 먼저, 6번째 줄의 id는 VC를 식별하기 위한 일련번호입니다. 보통 신분증, 자격증 등에 일련번호가 있듯이 VC에도 VC를 식별할 수 있는 id가 존재합니다. id에는 다양한 종류의 URI가 사용될 수 있습니다. 6번째 줄에선 HTTP 기반의 URL이 사용되었습니다. 다음으로, 12번째 줄의 id를 살펴보겠습니다. 12번째 줄의 id는 해당 VC의 사용자를 나타내는 credentialSubject 내에 존재합니다. 조금 더 정확하게 말하자면 12번째 줄의 id는 해당 VC가 식별하고 있는 객체를 나타내는 식별자인 것이죠. 12번째 줄의 id는 DID 기반의 URI가 사용되었습니다.

> **NOTE**
>
> 예제를 봐서 알겠지만 VC의 식별자로서 꼭 DID만 사용해야 하는 것은 아닙니다. 다만, DID가 SSI 기술의 탈중앙화적 철학과 기존 ID 시스템의 단점을 극복하기 위한 목적에 좀 더 가까운 도구이기 때문에 VC에는 주로 DID가 사용되는 것입니다.

● VC 예제(id 항목)

```
1   {
2     "@context": [
3       "https://www.w3.org/2018/credentials/v1",
4       "https://www.example.edu/context"
5     ],
6     "id": "http://example.edu/credential/yoon",
7     "type": ["VerifiableCredential", "KoreanUniversityCredential"],
   ...
11    "credentialSubject": {
12      "id": "did:sov:1234",
13      "degree": {
14        "name": "Hankuk university",
15        "major": "computer",
16        "gpa": "3.5"
17      }
   ...
```

3.2.4 issuer

issuer 항목도 이름에서 알 수 있듯이 VC를 발행한 사람 혹은 기관을 뜻합니다.

- **VC 예제(issuer 항목)**

```
...
  "issuer": "did:sov:ABCD",
...
```

다음 예제와 같이 발행인의 정보도 함께 입력할 수 있습니다.

- **VC 예제(issuer 항목)**

```
"issuer": {
  "id": "did:sov:ABCD",
  "name": "Hankuk University"
}
```

id와 마찬가지로 issuer 항목에도 DID뿐만 아니라 다른 URI를 식별자로 사용할 수 있습니다.

- **VC 예제(issuer 항목)**

```
"issuer": "https://www.hankukuniversity.ac.kr/issuer"
```

3.2.5 issuanceDate & expirationDate

issuanceDate 항목은 VC가 유효하기 시작한 시간을 나타내며, **expirationDate** 항목은 VC의 만료시간을 나타냅니다. 두 항목 모두 RFC3339에 정의된 방식에 따라 시간을 표기해야만 합니다.

● **VC 예제(issuanceDate 항목)**

```
...
  "issuanceDate": "2020-01-01T20:00:00Z",
  "expirationDate": "2021-01-01T20:00:00Z",
...
```

3.2.6 credentialStatus

VC에는 해당 VC가 폐기됐는지, 혹은 유효한지 등을 검증하기 위한 **credentialStatus** 항목도 포함될 수 있습니다. credentialStatus 내 정보를 보면 VC의 상태를 확인할 수 있는 URL이 명시된 id와 어떤 방식으로 VC 상태를 검증할 수 있는지 명시된 type이 있습니다. 현재 VC 상태 검증을 위한 상세 프로토콜은 표준 문서에서 제공하지 않습니다. 개발자는 credentialStatus 항목을 사용하려면 CRL과 같은 기존 프로토콜을 사용하거나 새로운 프로토콜을 직접 개발한 후 credentialStatus에 적용하여 사용할 수 있습니다.

● **VC 예제(credentialStatus 항목)**

```
...
"credentialStatus": {
  "id": "https://revoklist.com/status",
  "type": "CredList2020"
},
...
```

3.2.7 credentialSubject

이번 절에서는 Claim(s) 데이터를 포함하고 있는 **credentialSubject** 항목에 관해 알아보겠습니다. credentialSubject 항목에는 VC가 가리키는 객체의 실질적인 ID 속성이 포함되어 있습니다. 예를 들어, 다음 예제를 보면 12번째 줄의 DID가 식별하는 객체가 Hankuk university의 computer 학과를 학점 3.5로 졸업했다는 정보가 VC에 포함되어 있습니다.

● VC 예제(credentialSubject)

```
   ...
11 "credentialSubject": {
12   "id": "did:sov:1234",
13   "degree": {
14     "name": "Hankuk university",
15     "major": "computer",
16     "gpa": "3.5"
17   }
18 },
   ...
```

credentialSubject 내에 복수 개의 Subject를 삽입할 수도 있습니다. 예를 들어, 다음 예제에서는 2번째 줄의 식별자를 가진 Yoon Daegeun이라는 subject의 advisor가 10번째 줄의 식별자를 가진 Kim Professor라는 사람이라고 알려줍니다. 또한, 14번째 줄의 식별자를 가진 Kim Professor라는 Subject는 17번째 줄의 식별자를 가진 Yoon Daegeun이라는 사람이 자신의 학생이라는 것을 알려줍니다. 이처럼 VC는 ID 이름, 나이, 취미 등과 같은 단순한 ID 속성뿐만 아니라, 다른 사람과의 관계를 포함하는 등 다양한 방식으로 자신을 표현할 수 있는 속성을 넣어 ID를 생성하는 것이 가능합니다.

● VC 예제(credentialSubject), Subject가 두 개 이상인 경우

```
  ...
1   "credentialSubject": [{
2     "id": "did:sov:1234",
3     "name": "YOON Daegeun",
4     "degree": {
```

```
 5        "name": "Hankuk university",
 6        "major": "computer",
 7        "gpa": "3.5"
 8      },
 9      "advisor": {
10        "id": "did:sov:AAAA",
11        "name": "Kim Professor"
12      }
13    }, {
14      "id": "did:sov:AAAA",
15      "name": "Kim Professor",
16      "student": {
17        "id": "did:sov:1234",
18        "name": "Yoon Daegeun"
19      }
20    }]
```

3.2.8 proof

이번 절에서는 VC의 무결성을 검증할 수 있는 **proof**에 관해 알아보겠습니다. proof는 VC를 발급할 때 필수적으로 포함되어야 하는 항목입니다. 1장에서 배웠던 디지털 인증서와 디지털 서명을 기억하나요? 인증서 정보의 무결성을 보장하기 위해 인증서 정보를 해시한 후 CA의 비밀키로 디지털 서명을 생성한다고 하였습니다(디지털 인증서와 서명이 기억나지 않는다면 디지털 인증서 장을 다시 확인하기 바랍니다). 마찬가지로 VC에도 VC 정보의 무결성을 보장하기 위해 VC 정보에 대한 발행인의 서명이 proof 항목에 추가됩니다(VC에서 필요한 ID 속성만을 추출하고 생성한 ID의 무결성을 증명하기 위해서는 복잡한 암호 기법이 사용되는데, 이 책의 범위를 벗어나 암호학을 전공해야만 이해할 수 있는 내용들이라 암호 기법에 대해서는 자세히 다루지 않겠습니다). 다음 예제를 보면 proof 내 다양한 항목들이 있습니다. 20번째 줄의 type은 어떤 암호 기법을 사용해서 서명을 생성하는지 나타냅니다. 공식 콘텍스트에는 RsaSignature2018 외 proof 생성에 사용할 수 있는 다양한 암호 기법이 정의되어 있으니 궁금하면 공식 콘텍스트에 접속해서 확인할 수 있습니다. 21~22번째 줄에는 해당 proof가 언제 생성됐고, 누가 생성했는지 나타냅니다. 23번째 줄은 발행인의 공개키 등 디지털 서명을 검증할 수 있는 값이 위치하는

URL을 나타내고, 24번째 줄은 해당 VC의 디지털 서명값을 나타냅니다.

> **NOTE**
>
> VC의 ID 속성 중 필요한 속성만 추출해서 검증받기 위해서는 RSA 방식이 아닌 CL Signature와 같은 특별한 방식으로 서명된 VC를 발급받아 사용해야만 하는데, CL Signature 관련 내용은 깃 허브의 indy-hype/text/0109-anoncreds-protocol에서 확인할 수 있습니다.

● **VC 예제(proof 항목)**

```
       . . .
19     "proof": {
20       "type": "RsaSignature2018",
21       "created": "2020-01-01T20:00:00Z",
22       "creator": "Hankuk university",
23       "verificationMethod": "https://example.edu/issuers/keys/1",
24       "jws": "eyJhbGciOifweaobowbagkjgvbboewafda..."
25     }
26   }
```

다음과 같이 복수 개의 proof를 사용하여 다수의 사람 혹은 기관으로부터 디지털 서명을 받을 수도 있습니다.

● **VC 예제(복수 개의 proof 사용)**

```
   . . .
   "proof": [{
     "type": "RsaSignature2018",
     "created": "2020-01-01T20:00:00Z",
     "creator": "Hankuk university",
     "verificationMethod": "https://example.edu/issuers/keys/1",
     "jws": "eyJhbGciOifweaobowbagkjgvbboewafda..."
   },
   {
     "type": "Ed25519Signature2018",
     "created": "2020-01-01T20:00:00Z",
     "creator": "Korean Education department",
     "verificationMethod": "https://koreanedu.org/issuers/keys/1",
     "jws": "eyJhbweiohrewheroihewoirh..."
   }]
}
```

3.2.9 Advanced Concepts

이번 절에서는 VC의 구성요소 외 사용에 유용한 몇 가지 기능을 소개하고 넘어가겠습니다.

VC에는 다음 예제와 같이 VC 발행인이 **이용약관(Terms of use)**을 추가할 수 있습니다. 5번째 줄을 보면 VC 내 이용약관은 발행인에 의한 정책이라는 것을 확인할 수 있습니다. 또한, 8~12번째 줄에선 발행인이 모든 검증인(assignee)에게 해당 VC 정보를 저장소(Archive)에 저장하는 것을 금지한다는 이용약관을 확인할 수 있습니다.

● **VC 이용약관 예제**

```
     ...
 1     "id": "did:sov:4321",
 2     "type": ["VerifiableCredential", "KoreanUniversityCredential"],
 3     "issuer": "https://Koreanuniversity.example.edu/issuers/14",
     ...
 4     "termsOfUse": [{
 5       "type": "IssuerPolicy",
 6       "id": "http://Koreanuniversity.example.edu/termsofuse/",
 7       "profile": "http:// Koreanuniversity.example.edu/profiles/credential",
 8       "prohibition": [{
 9         "assigner": "https://Koreanuniversity.example.edu/issuers/14",
10         "assignee": "AllVerifiers",
11         "target": "did:sov:4321",
12         "action": ["Archival"]
13       }]
14     }],
15     "proof": {...}
     ...
```

다음 예제와 같이 VP에 사용자가 직접 이용약관을 삽입할 수도 있습니다. 10~18번째 줄에는 검증인(https://company.example.com)은 해당 VP에 대한 정보를 제3자와 공유할 수 없다는 이용약관이 포함되어 있습니다.

● **VP 이용약관 예제**

```
    ...
1     "id": "did:sov:4321",
    ...
2     "verifiableCredential": [...
3     "credentialSubject": {
4       "id": "did:sov:1234",
5       "degree": {
6         "type": "BachelorDegree",
7         "name": "Bachelor of Science and Arts"
    ...
8     "proof": {...}
9     }],
10    "termsOfUse": [{
11      "type": "HolderPolicy",
12      "id": "http://selfPolicy.example.com/termsofuse/",
13      "profile": "http://selfPolicy.example.com/profiles/credential",
14      "prohibition": [{
15        "assigner": "did:sov:1234",
16        "assignee": "https://company.example.com",
17        "target": "did:sov:4321",
18        "action": ["3rdPartyCorrelation"]
19      }]
20    }],
21    "proof": {...}
    ...
```

발행인은 **evidence** 항목을 통해 검증인이 참고할 수 있는 추가적인 정보를 입력할 수도 있습니다. 예를 들어, VC를 발행할 때 사용자로부터 어떤 증빙자료를 확인하고 VC를 발행했는지 등을 명시할 수 있습니다. 다음 예제에는 2가지 evidence가 명시돼 있는데, 첫 번째 evidence인 2~7번째 줄을 보면 발행인은 해당 VC를 발행할 때 현실 세계에서 물리적인 운전면허증을 확인한 후 VC를 발행했다는 것을 알 수 있습니다. 그리고 두 번째 evidence인 9~14번째에선 해당 VC를 발행할 때 학생 정보를 온라인에서 디지털 방식으로 확인했다는 것을 알 수 있습니다. 검증인은 이러한 추가정보를 통해 VC를 더욱 신뢰할 수 있습니다.

● VC evidence 예제

```
    ...
1   "evidence": [{
2     "id": "https://Koreanuniversity.example.edu/evidence/abcde",
3     "type": ["DocumentVerification"],
4     "verifier": "https://Koreanuniversity.example.edu//issuers",
5     "evidenceDocument": "DriversLicense",
6     "subjectPresence": "Physical",
7     "documentPresence": "Physical"
8   },{
9     "id": "https://Koreanuniversity.example.edu//evidence/fghijk",
10    "type": ["SupportingActivity"],
11    "verifier": "https://Koreanuniversity.example.edu//issuers",
12    "evidenceDocument": "Student information",
13    "subjectPresence": "Digital",
14    "documentPresence": "Digital"
15  }]
    ...
```

가족관계 증명을 위한 VC도 발행할 수 있습니다. 다음 예제에서는 미성년자의 부모가 누구인지가 VC 내에 명시되어 있습니다. 해당 VC를 검증하는 검증인은 필요할 경우, 미성년자의 부모에게 추가적인 검증 작업을 요청할 수도 있습니다. 이처럼 VC 내에 관계를 나타내는 기능을 활용하면 정부기관 등에서 주민등록등본, 가족관계증명서 등을 발행하는 용도로 활용하거나, 주민등록증에 가족관계 증명 기능까지 포함한 신분증을 발행할 수도 있습니다.

● 미성년자 VC 발행 예제

```
1   {
2     "@context": [
3       "https://www.w3.org/2018/credentials/v1",
4       "https://www.w3.org/2018/credentials/examples/v1"
5     ],
6     "id": "https://koreangov.example.org/credentials/1234",
7     "type": ["VerifiableCredential", "RelationshipCredential"],
8     "issuer": "https://koreangov.example.org/issuer",
9     "issuanceDate": "2020-01-01T17:00:00Z",
10    "credentialSubject": {
11      "id": "did:sov:1234",   미성년자 id
12      "identificationNum": "980101-1111111",
```

```
13      "parent": {
14        "id": "did:sov:ABCD",   부모 id
15        "type": "Father"
16      }
17    },
18    "proof": {...}   정부의 디지털 서명
19  }
```

다음 예제와 같이 만료기간이 지난 VC를 자동 혹은 수동으로 갱신하는 기능도 추가할 수 있습니다.

● **VC 갱신 예제**

```
...
  "refreshService": {
    "id": "https://example.edu/refresh/3732",
    "type": "ManualRefreshService2018"
  },
...
```

이 밖에도 VC 사용을 위해 다양한 기능을 추가할 수 있는데, 자세한 내용은 표준 문서인 Verifiable Credentials Data Model 1.0에서 확인이 가능합니다.

3.3 VP 데이터 모델

사용자는 검증인에게 자신(identity)을 증명하기 위해 VC를 직접 제출하지 않고 자신이 소유한 VC를 **VP(Verifiable Presentation)**로 가공하여 제출합니다. VP는 다음 그림과 같이 Presentation Metadata, Verifiable Credential(s), Proof(s)로 구성되어 있습니다. 지금부터 VP 각각의 구성 요소가 어떤 역할을 하는지 알아보겠습니다.

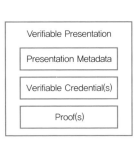

● **VP 데이터 모델**

먼저, **Presentation Metadata**를 살펴보겠습니다. Presentation Metadata에는 해당 데이터가 VP라는 것을 명시한 type, 이용약관, evidence 등 VP 검증에 참고할 수 있는 데이터가 포함될 수 있습니다.

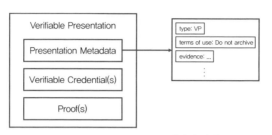

● **Presentation Metadata 데이터 예시**

Verifiable Credential(s)에는 이름에서 알 수 있듯이 VC가 포함되어 있습니다. 사용자는 검증인이 요구하는 ID 속성을 가진 VC를 선택하여 Verifiable Credential(s) 항목에 넣을 수 있습니다. VC 내에 존재하는 Claim 중 검증인이 요구하는 ID 속성을 가진 Claim만 선택하여 Verifiable Credential(s)에 포함할 수 있기 때문에 사용자의 프라이버시를 보호할 수도 있습니다. VP를 수신한 검증인은 VC 내에 포함된 proof 항목을 통해 VC의 진위 여부를 검증할 수 있습니다.

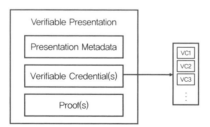

● **Verifiable Credential(s) 데이터 예시**

VC의 proof 항목에 발행인의 서명이 들어간다면 VP의 Proof(s)에는 사용자의 서명이 들어갑니다. 검증인은 VP를 제출하는 사용자의 서명을 검증함으로써 해당 VP가 자신이 통신하고 있는 사용자로부터 제출된 것인지 검증할 수 있습니다. VC와 마찬가지로 사용자가 VP를 서명하기 위해 다양한 암호 기법이 사용될 수 있습니다.

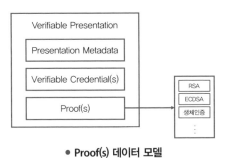

● **Proof(s) 데이터 모델**

3.4 ▶ VP 구성요소

VP의 구성요소는 VC와 크게 다르지 않습니다. 다음 예제에서 알 수 있듯이 VP는 사용자가 자신이 가진 VC를 취합한 데이터에(7번째 줄 참고) 대한 무결성을 보증하기 위해 proof 항목을 추가한 데이터입니다(VP 내 각각의 VC에는 발행인이 발급한 VC의 무결성을 확인하기 위한 proof가 있고, VP에는 사용자가 생성한 VP의 무결성을 검증하기 위한 proof가 있는 것이죠). VP의 proof도 앞서 언급했던 것처럼 RSA, ECDSA 등 다양한 암호 기법을 사용하여 생성할 수 있습니다. 다음 11~12번째 줄의 challenge와 domain의 경우, Replay attack을 방지하거나 허가되지 않은 도메인에 VP가 쓰이는 것을 방지하기 위한 목적으로 사용될 수 있습니다. proofPurpose는 해당 VP가 어떤 용도로 사용되는지 명시하고 있으며, authentication, assertionMethod, KeyAgreement, contractAgreement 4가지 값 중 하나가 입력될 수 있습니다. 다음 예제는 가장 기본적인 VP의 구성요소를 보여 주는데, 사용자의 필요에 따라 이용약관(termsOfUse) 항목이나 자체 제작한 콘텍스트를 이용한 새로운 항목 등이 추가될 수 있습니다.

● **VP 구성요소 예제**

```
1   {
2     "@context": [
3       "https://www.w3.org/2018/credentials/v1"
4     ],
5     "id": "did:sov:1234",
6     "type": ["VerifiablePresentation"],
7     "verifiableCredential": {...},
8     "proof": {
9       "type": "Ed25519Signature2018",
10      "created": "2020-01-01T17:00:00Z",
11      "challenge": "gqrneoighre...",
12      "domain": "https://company.example.com",
13      "verificationMethod": "did:sov:1234#Key-1",
14      "jws": "eyJhwpojewpojeqpojeqwpjqwpeojeqpwj...",
15      "proofPurpose": "authentication"
16    }
17  }
```

3.5 ▶ VC 폐기

발행인에겐 종종 자신이 발행한 VC를 폐기해야 하는 경우가 발생합니다. 예를 들어, 회사가 발행인이 되어 사용자에게 재직증명서 VC를 발행했는데, 사용자가 회사를 퇴사한다면 해당 재직증명서 VC를 폐기해야 합니다. 검증인 또한, VC 폐기 여부를 확인할 수 있어야만 합니다. 한 예로, 은행이 검증인이 되어 사용자의 대출자격을 심사하기 위한 재직증명서 VC가 포함된 VP를 받았다면, 사용자의 재직증명서 VC가 현재까지 계속 유효한지 아닌지를 판단할 수 있어야만 합니다. VC를 폐기하는 방법은 SSI 플랫폼을 어떻게 개발하는지에 따라 달라질 수 있습니다. 이번 절에서는 Hyperledger Indy에서 사용 중인 VC 폐기 방법에 관해서 간략하게 알아보겠습니다.

다음 그림과 같이 Hyperledger Indy에서 발행인이 VC를 폐기하기 위해서는 Tails file, Accumulator, Witness라는 3가지 구성요소가 있어야 합니다. Tails file은 발행인이 발행할 VC에 해당하는 인수(Factor) 목록에 해당합니다. 발행인은 VC를 발행할 때마다 Tails file에 인수를 추가하는 것이 아닌, 몇 개의 VC를 발행할지 미리 정한 뒤 발행할 수만큼의 VC의 인수가 저장된 Tails file을 생성합니다. 만약 발행인이 사용자에게 VC2를 발행한다면 발행인은 사용자에게 VC2에 대한 인수를 VC2와 함께 전달하고, VC2에 대한 인수를 이용하여 Accumulator를 업데이트합니다. Accumulator는 미리 생성된 Tails file의 인수들 중 VC 발행에 사용한 VC의 인수들을 이용한 연산의 결괏값이며 블록체인에 저장됩니다. 추후 검증인은 Accumulator를 통해 VC의 폐기 여부를 검증할 수 있습니다. Witness는 발행한 VC의 인수를 제외한 나머지 인수들을 이용한 계산의 결괏값이며 사용자는 발행인의 저장소에 저장된 Tails file과 블록체인의 Revocation registry를 참고하여 자신이 제출하는 VC가 폐기되지 않았음을 증명할 수 있는 Witness를 계산할 수 있습니다. 다음과 같은 수식에서는 각각의 VC1, VC2 등이 인수이고 발행인이 발행한 모든 VC의 인수를 곱한 결괏값이 Accumulator가 됩니다.

- VC1 * VC2 * VC3 * VC4 * VC5 = Accumulator

만약 사용자가 발급받은 VC2에 대한 Witness를 구하고 싶다면 Tails file을 참고하여 다음과 같이 계산할 수 있습니다(아래는 자신의 VC만 폐기된 가장 단순한 예제이며, 만약 다른 사람의 VC가 폐기된 경우 블록체인에 저장된 Revocation registry에 폐기 기록이 남아 있기 때문에 해당 값을 참고하여 Witness를 생성할 수 있습니다).

- VC1 * VC3 * VC4 * VC5 = Witness

이후 사용자가 검증인에게 제출하는 VC의 인수(VC2)와 VC에 해당하는 Witness(VC1 * VC3 * VC4 *VC5)를 전달하면, 검증인은 해당 VC의 인수와 Witness 값을 계산하여 올바른 Accumulator가 도출되는지 확인하여 VC의 폐기 여부를 검증할 수 있습니다.

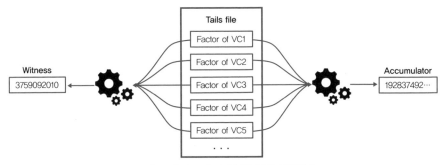

• **Hyperledger Indy의 VC 폐기 구성요소**

발행인이 VC를 폐기하는 경우, 폐기할 VC에 대한 Tails file의 인수를 제외한 Accumulator를 다시 계산하여 블록체인에 업데이트합니다. 이후 검증인은 업데이트된 Accumulator를 참조하여 VC 폐기 여부를 검증할 수 있습니다.

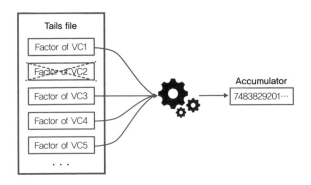

• **Hyperledger Indy의 VC 폐기 예시**

다음 그림을 통해 Hyperledger Indy의 폐기 과정을 알아보겠습니다. 발행인은 사용자에게 발행할 VC2를 생성함과 동시에 Tails file에서 VC2에 해당하는 인수를 이용해 Accumulator를 업데이트합니다. 이후 업데이트한 Accumulator와, Tails file의 어떤 인수를 사용하여 Accumulator를 업데이트했는지 명시한 REVOC_REG_ENTRY 트랜잭션을 블록체인에 저장합니다. 마지막으로, 발행인은 사용자에게 VC2와 사용자가 폐기 여부 검증에 사용할 수 있는 VC2의 인수를 함께 전달합니다.

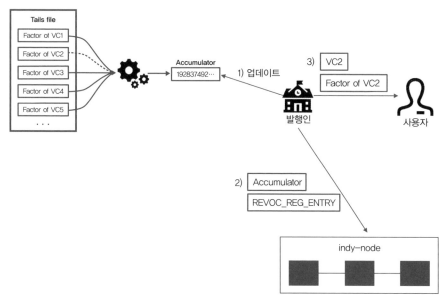

• **VC 발행 과정**

다음으로, 사용자가 검증인에게 VC2를 검증받는다고 가정하겠습니다. 사용자는 VC2 의 ID 속성을 검증할 수 있는 Primary proof와 VC2의 폐기 여부를 검증할 수 있는 Proof of non-revocation을 생성합니다. Proof of non-revocation에는 Witness 값이 포함되어 있는데, Witness 값은 발행인으로부터 다운받은 Tails file과 블록체인에 저장된 폐기 기록을 바탕으로 생성할 수 있습니다(Tails file은 보통 용량이 크기 때문에 블록체인에 저장하지 않고 발행인이 따로 관리합니다). 이후 사용자는 Primary proof와 Proof of non-revocation을 검증인에게 전달하고, 검증인은 블록체인에 저장된 Accumulator와 Revocation registry의 값을 이용하여 Proof of non-revocation을 검증함으로써 사용자로부터 수신한 VC가 폐기되지 않았음을 확인할 수 있습니다.

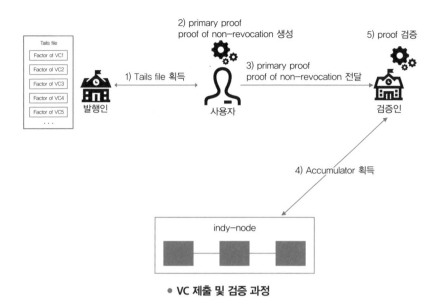

● **VC 제출 및 검증 과정**

> **NOTE**
>
> 암호학적 내용과 관련된 자세한 과정은 indy-hipe 프로젝트 내 anoncreds-protocol 문서에서
> 확인할 수 있습니다.

SSI 인증 시나리오

지금까지 DID와 DID document, 그리고 VC와 VP 구조에 대해서 알아보았습니다. 이번 장에서는 DID 생성부터 VP를 검증하기까지의 SSI 인증 과정이 어떻게 이루어지는지 알아보겠습니다. 다음 그림과 같이 사용자가 정부기관으로부터 전자주민증 VC를 발급받는 과정, 대학교로부터 졸업증명서 VC를 발급받는 과정, 그리고 사용자가 획득한 VC 중 필요한 ID 속성만을 취합하여 VP를 생성한 뒤 채용사에 입사 지원을 하는 과정까지를 모두 설명하겠습니다.

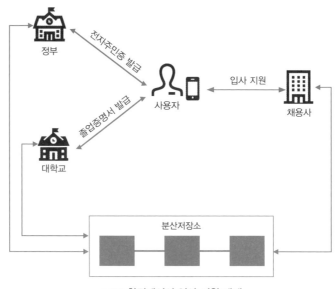

● SSI 환경에서의 입사 지원 예제

먼저, SSI 환경에서 ID를 인증하려면 사용자와 각 기관은 DID 및 DID document를 생성하고 등록해야 합니다. 다음 그림은 사용자가 DID 및 DID document를 생성하는 과정을 보여줍니다. (1)먼저 사용자는 DID 소유권 증명을 위한 DID Auth에 사용할 비대칭키를 생성합니다. (2)이후 비대칭키의 비밀키는 안전하게 보관하고 공개키는 DID 및 DID document를 생성하는 데 사용됩니다(DID를 생성하는 방법은 DID를 지원하는 플랫폼마다 조금씩 상이한데, Hyperledger Indy의 경우에는 Method-specific identifier 생성에 공개키가 사용됩니다). 마지막으로, (3)(4)DID와 DID document를 생성한 후 DID document는 분산저장소에 등록합니다.

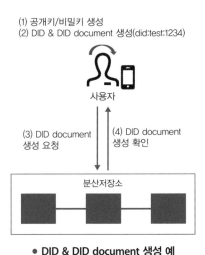

(1) 공개키/비밀키 생성
(2) DID & DID document 생성(did:test:1234)

사용자

(3) DID document
생성 요청

(4) DID document
생성 확인

분산저장소

● **DID & DID document 생성 예**

사용자와 마찬가지로 각각의 기관도 DID 생성 후 DID document를 분산저장소에 등록합니다. 다음 그림은 DID 생성 과정이 끝난 후 사용자와 각 기관의 DID 주소를 보여 주고 있습니다. 자신의 DID와 비밀키는 사용자는 휴대하기 쉬운 모바일 단말에 설치된 SSI App을 통해 안전하게 저장되고, 각 기관의 DID 정보와 비밀키는 각 기관이 운영하는 서버에서 관리된다고 가정하겠습니다.

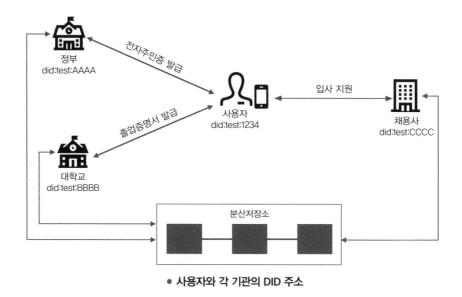

● 사용자와 각 기관의 DID 주소

사용자와 각 기관의 DID document는 다음과 같습니다.

● 사용자 DID Document 예제

```
1   {
2     "@context": "https://www.w3.org/ns/did/v1",
3     "id": "did:test:1234",
4     "publicKey": [{
5       "id": "did:test:1234#keys-1",
6       "type": "RsaVerificationKey2018",
7       "controller": "did:test:1234",  Authorization key
8       "publicKeyPem": "-----BEGIN PUBLIC KEY...END PUBLIC KEY-----\r\n"
9     }],
10    "authentication": [
11      "did:test:1234#keys-1"
12    ]
13  }
```

● 정부 DID Document 예제

```
1   {
2     "@context": "https://www.w3.org/ns/did/v1",
3     "id": "did:test:AAAA",
4     "publicKey": [{
```

```
 5      "id": "did:test:AAAA#keys-1",
 6      "type": "RsaVerificationKey2018",
 7      "controller": "did:test:AAAA",   Authorization key
 8      "publicKeyPem": "-----BEGIN PUBLIC KEY...END PUBLIC KEY-----\r\n"
 9    }],
10    "authentication": [
11      "did:test:AAAA#keys-1"
12    ]
13  }
```

● 대학교 DID Document 예제

```
 1  {
 2    "@context": "https://www.w3.org/ns/did/v1",
 3    "id": "did:test:BBBB",
 4    "publicKey": [{
 5      "id": "did:test:BBBB#keys-1",
 6      "type": "RsaVerificationKey2018",
 7      "controller": "did:test:BBBB",   Authorization key
 8      "publicKeyPem": "-----BEGIN PUBLIC KEY...END PUBLIC KEY-----\r\n"
 9    }],
10    "authentication": [
11      "did:test:BBBB#keys-1"
12    ]
13  }
```

● 채용사 DID Document 예제

```
 1  {
 2    "@context": "https://www.w3.org/ns/did/v1",
 3    "id": "did:test:CCCC",
 4    "publicKey": [{
 5      "id": "did:test:CCCC#keys-1",
 6      "type": "RsaVejrificationKey2018",
 7      "controller": "did:test:CCCC:",   Authorization key
 8      "publicKeyPem": "-----BEGIN PUBLIC KEY...END PUBLIC KEY-----\r\n"
 9    }],
10    "authentication": [
11      "did:test:CCCC#keys-1"
12    ]
13  }
```

4.2 VC 발급 요청

(1) DID 생성 후 사용자는 전자주민증을 발급을 위해 기본 인적사항, 지문 등을 준비하여 주민센터와 같은 정부기관을 방문합니다. 인적사항 입력 및 지문 등록 등의 기본적인 전자주민증 발급 과정을 마치고 나면 (2) 사용자는 자신의 DID가 식별자로 사용된 전자주민증 VC 발급을 요청합니다. (3) 정부기관은 사용자의 DID로부터 DID document가 저장된 위치를 확인하여 DID document를 획득합니다. (4) 사용자의 DID document를 획득한 정부기관은 DID document 내 포함된 인증키(공개키)를 이용해 Challenge를 생성한 후 사용자에게 DID Auth를 요청합니다. (5) DID Auth의 Challenge를 수신한 사용자는 DID를 생성할 때 사용했던 비대칭키의 비밀키를 이용하여 Response 데이터를 생성한 후 정부기관에 전송합니다. (6) 정부기관은 자신이 보낸 Challenge 데이터에 부합하는 Response 데이터를 수신했다면 DID Auth를 완료한 후 사용자가 요청한 전자주민증 VC를 발급합니다. 사용자의 VC도 DID와 마찬가지로 휴대하기 쉬운 모바일 단말에 설치된 SSI App에 안전하게 보관된다고 가정하겠습니다.

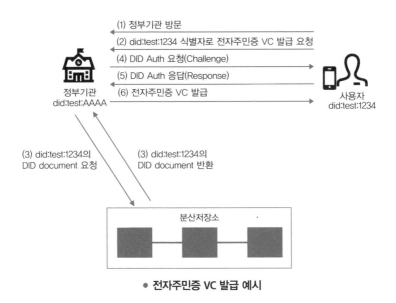

● 전자주민증 VC 발급 예시

사용자의 전자주민증 VC는 다음과 같이 발급되었습니다.

● **사용자의 전자주민증 VC 예제**

```
1  {
2    "@context": [
3      "https://www.w3.org/2018/credentials/v1",
4      "https://www.korgov.example.org/context"
5    ],
6    "id": "http://korgov.example.org/credential/1234",
7    "type": ["VerifiableCredential", "KoreaGovContext"],
8    "issuer": "did:test:AAAA",
9    "issuanceDate": "2020-01-01T20:00:00Z",
10   "expirationDate": "2021-01-01T20:00:00Z",
11   "credentialSubject": {
12     "id": "did:test:1234",
13     "personalInfo": {
14       "name": "User",
15       "age": "30",
16       "gender": "male",
17       "address": "South Korea, Daejeon"
18     }
19   },
20   "proof": {
21     "type": "RsaSignature2018",
22     "proofPurpose": "assertionMethod",
23     "created": "2020-01-01T20:00:00Z",
24     "creator": "Government of South Korea",
25     "verificationMethod": "did:test:AAAA#Key-1",
26     "jws": "eyJhbGciOifweaobowbagkjgvbboewafda..."
27   }
28 }
```

이번엔 졸업증명서 발급 과정입니다. 다음 그림은 사용자가 대학교 졸업증명서를 발급 받는 과정을 보여 주고 있습니다. (1)(2)사용자는 졸업증명서 발급을 위해 자신이 졸업한 대학교 홈페이지에 로그인한 후, 자신의 DID 앞으로 졸업증명서를 발급해 달라고 요청합니다. 이후의 과정은 이전 예제와 동일한 방식으로 진행된다고 가정하겠습니다.

당연한 얘기지만 졸업증명서를 발급받는 방식은 발행기관의 서비스 방식에 따라 달라질 수 있습니다. 예를 들어, 사용자가 입학 당시 이미 자신의 DID를 대학교에 등록했다면, 대학에서는 홈페이지에 로그인하는 인증절차 없이 DID Auth만으로도 졸업증명서를 발행할 수 있습니다. 혹은, 로그인만으로 졸업증명서를 발행해 주기에는 안정성에 문제가 있다고 대학이 판단한다면, 본인 명의의 전화인증 등 추가적인 인증 절차를 사용할 수도 있습니다. 혹은, 앞서 발급받았던 전자주민증 VC를 통한 인증 후 졸업증명서를 발행하는 것도 가능할 수 있겠습니다.

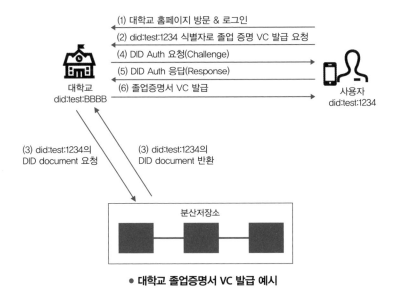

• **대학교 졸업증명서 VC 발급 예시**

사용자의 대학교 졸업증명서 VC는 다음과 같이 발행되었습니다.

● **사용자의 대학교 졸업증명서 VC 예제**

```
1  {
2    "@context": [
3      "https://www.w3.org/2018/credentials/v1",
4      "https://www.koruniv.example.edu/context"
5    ],
6    "id": "http://koreauniv.example.edu/credential/1234",
7    "type": ["VerifiableCredential", "KoreaUnivCredential"],
8    "issuer": "did:test:BBBB",
```

```
 9      "issuanceDate": "2020-01-01T20:00:00Z",
10      "expirationDate": "2021-01-01T20:00:00Z",
11      "credentialSubject": {
12        "id": "did:test:1234",
13        "name": "User",
14        "age": "30",
15        "gender": "male",
16        "graduation date": "2020-01-01",
17        "major": "computer",
18        "gpa": "3.5/4.5"
19      },
20      "proof": {
21        "type": "RsaSignature2018",
22        "proofPurpose": "assertionMethod",
23        "created": "2020-01-01T20:00:00Z",
24        "creator": "Korean Example University",
25        "verificationMethod": "did:test:BBBB#Key-1",
26        "jws": "eyJhbGciOifdfwqfqwgfrgreg..."
27      }
28    }
```

4.3 ▶ VP 검증 요청

(1)사용자는 채용사 홈페이지에 접속하여 입사 지원을 신청합니다. (2)입사 지원 과정에서 채용사는 사용자에게 필요한 제출서류에 대한 요구사항을 전달합니다. (3)요구사항은 QR 코드 등을 통해 SSI App에게 전달되고, SSI App은 자신이 보유한 VC를 이용해 요구사항을 만족하는 VP를 생성합니다. (4)이후 사용자는 VP를 채용사에 제출하고 채용사는 VP 검증을 시작합니다. (5)(6)채용사는 먼저, 사용자를 검증할 수 있는 VP의 proof 항목을 참고하여 검증데이터를 획득한 후 해당 VP의 진위 여부를 검증하는데, 다음과 같이 총 3가지 항목을 검증합니다.

· VP에 포함된 VC의 proof

· VP에 포함된 VC credentialSubject DID에 대한 DID Auth

· VP의 proof

VP에 포함된 VC의 proof 검증은 VC를 발행한 발행인이 올바른 발행인이며 해당 VC
가 위/변조되지 않았는지 검증하기 위함이고, VC credentialSubject와 DID Auth는 VC
가 가리키는 객체가 사용자가 맞는지 확인하기 위해 검증합니다. 마지막으로, VP의
proof는 해당 VP를 제출하는 사람이 사용자 본인이 맞는지, 그리고 사용자로부터 제
출된 VP가 위/변조되지 않았는지 검증합니다.

> **NOTE**
>
> 꼭 3가지 항목 전부를 검증할 필요가 없는 경우도 있습니다. 만약 신분증이라면 해당 신분증
> 이 누구에게 발행됐는지에 대한 정보가 매우 중요하기 때문에 credentialSubject 항목에 DID
> 가 필수로 포함되어야 하고, 해당 신분증이 가리키는 사람이 본인이라는 것을 증명하기 위해
> credentialSubject DID에 대한 DID Auth를 수행해야 할 것입니다. 하지만 특정 사람, 혹은 사물
> 을 가리키지 않고 누구나 사용할 수 있는 콘서트 티켓 VC라면 credentialSubject에 굳이 DID를
> 명시할 필요가 없기 때문에, credentialSubject DID에 대한 DID Auth는 수행하지 않고 티켓 발
> 행기관의 서명, 그리고 필요한 경우에 한해 VP 제출자의 서명인 VP proof 정도로만 검증할 수
> 있을 것입니다(표준문서에서는 credentialSubject에 id를 명시하지 않은 VC를 Bearer credential
> 이라고 부릅니다).
>
> 다시 정리하자면, VP에 포함된 VC의 proof 검증은 VC를 발행한 발행인이 올바른 발행인이며
> 해당 VC가 위/변조되지 않았는지 검증하기 위함이고, VC credentialSubject DID에 대한 DID
> Auth는 해당 VC가 가리키는 사람이 본인이 맞다는 것을 증명하기 위함이며, VP의 proof 검증
> 은 VP를 제출하는 사람이 본인이 맞는지, 그리고 사용자로부터 제출된 VP가 위/변조되지 않았
> 음을 증명하기 위함입니다. 서로 다른 목적을 가진 3가지 검증 항목은 VP 검증에 있어 매우 중
> 요한 개념이니 각각의 항목을 검증하는 것이 어떤 의미를 가지는지 꼭 이해하고 넘어가길 바랍
> 니다.

> **NOTE**
>
> 만약 VC 내 ID 속성의 일부만 사용하거나(이러한 방식을 Selective disclosure라고 부릅니다), ID
> 속성을 알려주지 않고 ID 속성이 특정 조건에 부합하는지에 대한 정보만 알려주는(이러한 방식
> 을 Range proof라고 부릅니다) ZKP(Zero-Knowledge Proof) VP를 사용한다면 본 예제와는 전
> 혀 다른 검증 과정을 거치게 됩니다. ZKP VC/VP에 대한 검증 과정은 6장에서 자세히 알아보겠
> 습니다.

(7)모든 검증을 정상적으로 마쳤다면 채용사는 사용자에게 입사 지원이 완료됐음을
알려줍니다.

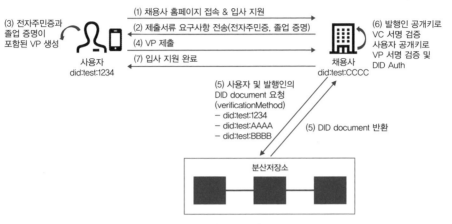

● VP를 이용한 채용 지원 예시

● VP 구성요소 예제

```
1  {
2    "@context": [
3      "https://www.w3.org/2018/credentials/v1"
4    ],
5    "id": "did:test:1234",
6    "type": ["VerifiablePresentation"],
7    "verifiableCredential": {...},
8    "proof": {
9      "type": "Ed25519Signature2018",
10     "created": "2020-01-01T17:00:00Z",
11     "challenge": "gqrneoighre...",
12     "domain": "https://company.example.com",
13     "verificationMethod": "did:test:1234#Key-1",
14     "jws": "eyJhwpojewpojeqpojeqwpjqwpeojeqpwj...",
15     "proofPurpose": "authentication"
16   }
17 }
```

SSI를 사용한 신원 인증은 기존 시스템과 비교해 어떤 장점이 있을까요? 먼저, 사용자 입장에서 한번 살펴보겠습니다. 기존 시스템에서는 사용자가 입사 지원을 할 때마다 자신이 졸업한 대학의 졸업증명서와 성적증명서를 발급받아야 합니다. 게다가 대부분의 채용사가 성적표와 졸업증명서의 원본을 요구하기 때문에, 입사 지원을 한 회사 수만큼 성적표와 졸업증명서를 발급받아야 하죠. 이에 따른 비용도 많이 들뿐더러, 서류를 제출하는 것 또한 여간 귀찮은 게 아닙니다. 하지만, SSI 시스템을 이용한다면 대학은 신뢰성 있는 환경에서 안전하게, VC 형태로 졸업증명서를 사용자에게 발급할 수 있습니다. 사용자는 발급받은 졸업증명서를 SSI App을 이용해 간편하게 제출할 수 있기 때문에 귀찮은 서류 작업을 하지 않아도 됩니다. 게다가 졸업증명서 VC는 한 번만 발급받으면 만료 기간 전까지는 자유롭게 사용할 수 있습니다.

채용사 입장에서는 어떤 장점이 있을까요? 먼저, 채용사는 종이로 된 입사 지원 서류에서 벗어나, 훨씬 처리가 간단한 VC 형태로 입사 지원 데이터를 관리할 수 있습니다. 전산으로 입사 지원 데이터가 처리되기 때문에 채용 프로세스에 소요되는 시간과 인력을 절약할 수 있습니다. 또한, 기존 시스템에서는 위조된 서류에 대한 진위 여부를 파악하기 위해 복잡한 과정을 거쳐야 했지만, SSI 환경에서는 proof와 DID 검증을 통해 신뢰성 있고 쉽게 위조 여부를 판단할 수 있습니다.

위 예제 외에도 다양한 분야에서 VC가 사용될 수 있습니다. 각 기업의 사원증, 재직 증명서를 VC 형태로 만들어서 관리할 수도 있고 은행 계좌, 대학교 학생증, 여권 발급 및 국제운전면허증과 같은 자격증 발급에도 사용할 수 있습니다. 이처럼 수많은 분야에 응용이 가능합니다.

Peer DID 5

일상에서 사용되는 대부분의 인증은 일대일 혹은 소규모 구성원 간에만 발생합니다. 예를 들어, 술을 구매할 때 나이 인증은 판매자와 구매자 간에만 이뤄지고, 성인 컨텐츠 접근에 필요한 성인 인증은 서비스 제공자와 사용자 간에만 수행되며, 포털 사이트에 로그인할 때는 포털 사이트와 사용자 간에만 인증을 수행하면 됩니다. 또한, 회사 내부에서 사용되는 인증은 회사 구성원들 간에만 인증을 수행할 수 있으면 됩니다. 이러한 상황에서는, 굳이 모두가 볼 수 있는 블록체인 등의 분산저장소에 DID 관련 데이터를 저장하지 않고, 인증에 참여하는 구성원들만 접근할 수 있는 저장소에 **Peer DID**라 불리는 기술을 사용할 수 있습니다.

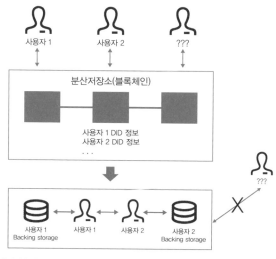

● 공개된 분산저장소에 DID 정보를 저장한 경우와 Peer DID를 사용한 경우

Peer DID를 사용하면 다음과 같이 여러 장점이 있습니다.

- 트랜잭션 비용 절감: 블록체인에 트랜잭션을 발생시키지 않고, 이해 당사자들 간에만 공유하는 **Backing storage**를 사용해 통신하기 때문에 블록체인을 통한 트랜잭션 비용이 발생하지 않습니다(Backing storage는 다음 장에서 설명하겠습니다).

- 확장성 향상: 통신에 참여하는 당사자들 간에만 Backing storage를 생성한 후 연결을 맺어 데이터를 주고받는 구조이기 때문에 블록체인에 종속되는 기존 DID 구조와 달리 서비스 확장에 자유롭습니다. 또한, Backing storage는 무거운 합의 알고리즘을 사용하지 않기 때문에 블록체인보다 성능 측면에서 장점을 가집니다.

- 보안 및 프라이버시 향상: 이해 당사자들 외 다른 사람들은 DID 관련 데이터를 볼 수 없기 때문에 잠재적인 보안 위협이 줄어들고, 각 통신 세션마다 서로 다른 Peer DID를 사용할 수 있어서 익명성 강화 등 프라이버시를 향상시킬 수 있습니다.

- 이밖에도 DID와 DID document가 제3자의 시스템이나 특정 블록체인에 종속되지 않기 때문에 시스템 운영 방법이나 정책 등을 설계하는 데 훨씬 자유롭습니다.

Peer DID를 사용하면 1:1부터 N:N까지 다양한 방식으로 인증을 수행할 수 있습니다. Peer DID 표준 문서에서는 1:1 통신을 위한 DID는 **Pairwise DID**, 세 명 이상이 참여하는 통신은 **N-Wise DID**(N은 Peer DID 통신에 참여하는 인원 수), 그리고 블록체인과 같이 누구나 볼 수 있는 저장소에 저장된 DID는 **Anywise DID**라고 칭하고 있습니다.

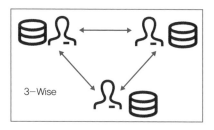

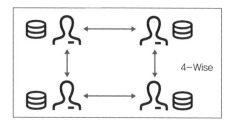

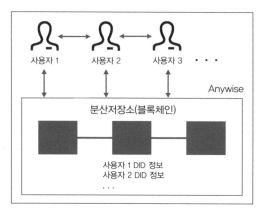

● **다양한 구조의 Peer DID 통신 방식과 기존 DID 통신 방식(Anywise)**

5.1 Peer DID 생성

다음 그림은 Peer DID의 구조를 나타냅니다. Peer DID는 **method prefix**와 **method-specific identifier**로 구성되어 있고, method-specific identifier는 **numalgo, transform, multicodec, numeric basis, encnumbasis** 등 5가지 항목을 통해 생성됩니다. 지금부터 각각의 항목을 통해 Peer DID가 어떻게 생성되는지 알아보겠습니다.

- method prefix: 퍼블릭 DID의 DID scheme과 마찬가지로 URI가 어떤 프로토 콜을 사용해서 자원에 접근하는지 명시합니다. 예를 들어, 수신한 URI의 앞부 분에 peer:did가 명시되어 있으면 해당 URI는 Peer DID 통신 규격을 사용하는 데이터라는 것을 알 수 있습니다.

- numalgo: numalgo 항목은 numeric basis를 생성하는 방법을 정의하고 있습니 다. 현재는 한 가지 방법밖에 지원하지 않기 때문에 고정된 값 1을 사용합니다. numeric basis의 생성 방식은 numeric basis 항목에서 자세히 설명하겠습니다.

- transform: transform 항목 값인 'z' 이후의 데이터가 어떤 방식으로 인코딩되 어 있는지 명시하는 값입니다. multibase(https://github.com/multiformats/multibase)에 정 의된 방식을 따르며, Peer DID의 경우 transform 항목 값 'z' 이후의 데이터가 base58btc 방식으로 인코딩되어 있다고 명시하고 있습니다(multibase는 Peer DID 에 사용되는 base58BTC 외 다양한 방식의 인코딩 옵션들을 정의하고 있습니다. 사용 가 능한 옵션들은 multibase 깃허브에 접속하면 확인할 수 있습니다).

- multicodec: numeric basis 결괏값이 어떤 방식으로 인코딩되어 있는지 명시하 는 값입니다. multicodec(https://github.com/multiformats/multicodec)에 정의된 인코딩 방 식을 따르며, Peer DID의 numeric basis는 32바이트 길이의 sha2-256 방식으로 인코딩한다고 명시되어 있습니다(multicodec은 multibase와 마찬가지로 Peer DID의 numeric basis에 사용되는 sha2-256 방식 외 다양한 방식의 인코딩 옵션들을 정의하고 있 습니다. 사용 가능한 옵션들은 multibase 깃허브의 table.csv 파일에서 확인할 수 있습니다).

- numeric basis: 공개키와 비밀키를 생성한 후 공개키를 이용하여 최초의 DID document를 생성합니다. 이때 DID ducument에는 아직 Peer DID 값이 입력 되지 않은 상태인데, 이러한 DID document를 **Stored variant**라고 부릅니다. 이 후 32바이트 길이의 sha2-256 결괏값을 출력한다고 명시한 multicodec의 값 인 0x12와 0x20 뒤에 Stored variant를 sha2-256으로 해시한 값을 붙여 주면 numeric basis가 완성됩니다.

- encnumbasis: encnumbasis는 numeric basis를 base58btc 방식으로 다시 인코딩한 값을 나타냅니다.

- method-specific identifier: method-specific identifier는 numalgo+transform+encnumbasis로 구성되어 있습니다.

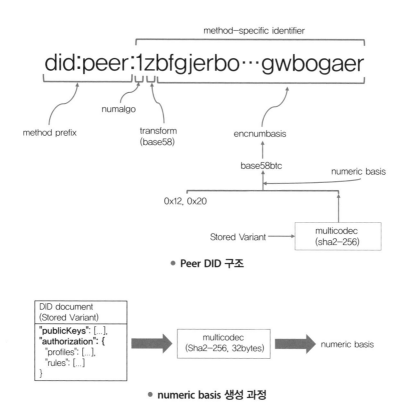

● **Peer DID 구조**

● **numeric basis 생성 과정**

정리하자면, Peer DID는 다음과 같은 구조를 가집니다.

● **Peer DID 구조**

```
[did:peer:][numalgo][transform][encnumbasis]
numalgo = 1
transform = z
encnumbasis = 46*base58btc -> base58btc(0x12, 0x20, sha2-256(stored variant))
```

- **Peer DID 예제(Peer DID Method Specification 문서 참조)**

```
did:peer:1zQmZMygzYqNwU6Uhmewx5Xepf2VLp5S4HLSwwgf2aiKZuwa
```

5.2 Peer DID document

Anywise DID와 마찬가지로 Peer DID의 DID document에도 DID의 소유권을 증명할 수 있는 인증 수단이 포함되어 있습니다. 다음 그림은 Peer DID와 DID document를 교환하는 방법 중 하나인데, 그림을 통해 Peer DID 통신이 어떻게 일어나는지 간단하게 알아보겠습니다. 다음 그림 예제에는 VC를 발급하는 Inviter와 VC 발급 요청을 하는 Invitee라는 두 명의 참여자가 있습니다. (1)먼저 Invitee는 Inviter와 Peer DID 통신하기 위해 Invitation을 요청합니다. Invitation 요청을 위해 Invitee는 Inviter의 웹사이트에 방문하거나, 직접 방문하는 등 다양한 방법을 이용할 수 있습니다. (2)Invitation 발급 요청을 받은 Inviter는 Invitee에게 Invitation을 전송합니다(만약 Invitation 발급 전 추가적인 검증이 필요하다면 (1)과 (2) 사이에 검증 과정이 추가될 수 있습니다). Invitation 메시지는 향후 Peer DID를 교환하기 위한 통신을 암호화하기 위한 인증키가 포함되어 있습니다. (3)Invitee는 Invitation에 포함된 암호키를 이용하여 자신의 Peer DID document를 암호화한 후 Inviter에게 전송합니다(Exchange request). (4)Inviter가 Invitee 로부터 올바른 Exchange request 메시지를 받았다면, Inviter 또한 Invitation에 포함시켰던 인증키를 이용하여 자신의 Peer DID document를 암호화한 후 Invitee에게 전송합니다(Exchange response). (5)서로의 Peer DID와 DID document를 교환한 Inviter와 Invitee는 이후 해당 Peer DID와 DID document를 이용하여 VC, VP 등 필요한 데이터를 교환할 수 있습니다.

다음 예제는 Hyperledger Aries에서 정의한 DID Exchange Protocol 1.0을 사용한 DID 및 DID document 교환 프로토콜입니다. 아래 프로토콜 외에도 Peer DID 정보를 교환할 수 있는 다양한 방법이 존재합니다. 예를 들어, DID Exchange Protocol을 사용하지 않고 TLS 등의 방법을 통해서 교환할 수도 있고, 다음 그림과 달리 Request invitation 메시지를 먼저 보내지 않고 Inviter가 Invitee에게 바로 Invitation 메시지를 보낸 후 Peer DID를 교환할 수도 있습니다. Peer DID 프로토콜과 관련해서는 5.4절에서 좀 더 자세히 설명하겠습니다.

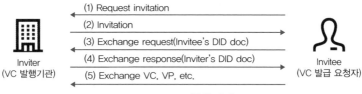

```
                    (1) Request invitation
                 ◀──────────────────────────
                    (2) Invitation
                 ──────────────────────────▶
                    (3) Exchange request(Invitee's DID doc)
                 ◀──────────────────────────
                    (4) Exchange response(Inviter's DID doc)
                 ──────────────────────────▶
                    (5) Exchange VC, VP, etc.
                 ◀──────────────────────────
    Inviter                                      Invitee
  (VC 발행기관)                                  (VC 발급 요청자)
```

● **Peer DID 통신 과정**

다음은 Peer DID 표준 문서를 참고하여 만든 Peer DID document 예제입니다. Peer DID document에는 publicKey, service, authorization, authentication 이렇게 5가지 중요한 항목이 있는데, 다음 예제를 통해 각각의 항목에 어떤 데이터가 들어가는지 알아보겠습니다.

● **Peer DID document 예제**

```
1   {
2     "publicKey": [
3       {
4         "id": "AAAAAAAA",
5         "type": "RsaVerificationKey2018",
6         "controller": "#id",
7         "publicKeyPem": "---BEGIN PUBLIC KEY\r\nCCCCCCCC...END PUBLIC KEY---\r\n"
8       }, {
9         "id": "BBBBBBBB",
10        "type": "Secp256k1VerificationKey2018",
11        "controller": "#id",
12        "publicKeyHex": "BBBBBBBBde767f084ce3...63d29f1450936b71"
13      }, {
14        "id": "CCCCCCCC",
15        "type": "Ed25519VerificationKey2018",
```

```
16        "controller": "#id",
17        "publicKeyBase58": "AAAAAAAMv6gmMN...wXmqPV"
18     }
19   ],

20   "service": [
21        {
22            "id": "#agent",
23            "type": "AgentService",
24            "serviceEndpoint": "https://example.agent.com"
25        }
26   ],
27   "authentication": [ "#AAAAAAAA" ],

28   "authorization": {
29     "profiles": [
30        { "key": "#AAAAAAAA", "roles": ["mobile"] },
31        { "key": "#BBBBBBBB", "roles": ["cloud", "biometric"] },
32        { "key": "#CCCCCCCC", "roles": ["offline"] }
33     ],
34     "rules": [
35        {
36            "grant": ["register"],
37            "when": {"id": "#AAAAAAAA"},
38            "id": "7ac4c6be"
39        },
40        {
41            "grant": ["route", "authcrypt"],
42            "when": {"roles": "mobile"},
43            "id": "11111111"
44        },
45        {
46            "grant": ["authcrypt", "plaintext", "sign"],
47            "when": {"roles": "cloud"},
48            "id": "22222222"
49        },
50        {
51            "grant": ["key_admin", "se_admin", "rule_admin"],
52            "when": {
53                "any": [{"roles": "offline"}, {"roles": "biometric"}],
54                "n": 2
55            },
56            "id": "abcdefgh"
57        }
58     ]
```

```
59    }
60  }
```

5.2.1 publicKey

publicKey 항목은 Anywise DID와 마찬가지로 Peer DID 소유권 인증에 사용됩니다. publicKey에는 DID 소유권 인증에 필요한 다양한 종류의 데이터가 들어갈 수 있는데, 다음 예제를 통해 하나하나 살펴보겠습니다. 예제의 publicKey 항목을 보면, 소유권 인증에 사용할 수 있는 데이터가 세 개 있는 것을 확인할 수 있습니다. 4~7번째 줄에는 RSA 인증에 사용되는 인증키 값이 있고, 9~12번째에는 Secp256k1 인증에 사용되는 타원곡선 인증키 값이 들어가 있으며, 14~17번째 줄에는 Ed25519 인증에 사용되는 타원곡선 인증키 값이 들어가 있습니다.

publicKey 항목에는 **id, type, controller, publicKeyPem, publicKeyHex, publicKeyBase58** 등의 세부 항목이 있습니다. 4번째 줄 id 항목은 publicKey 내 사용할 수 있는 인증키의 위치를 나타냅니다. 예를 들어, 상대방에게 RSA 방식으로 DID 소유권을 인증하고 싶으면 4번째 줄의 id 값을 알려주면 됩니다. 마찬가지로 Secp256k 혹은 Ed25519 방식으로 소유권 인증을 수행하고 싶다면, 9번째 줄의 id 값 혹은 14번째 줄의 id 값을 알려줌으로써 소유권 인증 과정을 시작할 수 있습니다. id 값으로는 실제 인증키 값이 들어 있는 publicKeyPem 데이터의 앞 8자리를 사용하거나 128 bit의 UUID를 사용할 수 있습니다(다음 예제에서는 인증키 데이터의 앞 8자리를 사용한다고 가정하였습니다).

5번째 줄 **type** 항목은, 해당 publicKey 인증키는 RSA 암호화 방식을 사용한다고 명시하고 있습니다. type 값으로는 RSA뿐만 아니라 타원곡선, 생체 인증 등 다양한 종류의 암호화 방식을 사용할 수 있습니다.

controller 항목은 해당 인증키에 대한 인증 권한을 가진 사람의 DID 주소를 나타냅니다. 4~7번째 줄의 경우 publicKeyPem의 비밀키를 가지고 있는 사람의 id를 의미합니다. Anywise DID와 달리 Peer DID의 경우, 본인 외 다른 사람이 자신의 DID document에 대한 인증 권한을 가진 경우가 거의 없기 때문에 controller 항목은 대부분 자신의 Peer DID를 나타내는 '#id' 값이 사용됩니다.

마지막으로, **publicKeyPem** 항목에는 type에 정의한 암호화 방식의 인증키 값이 들어갑니다. (인증키 값을 인코딩하는 방식에 따라 publicKeyPem, publicKeyHex, publicKeyBase58 등의 항목이 사용될 수 있습니다.)

● **Peer DID document의 publicKey 항목**

```
1  {
2    "publicKey": [
3      {
4        "id": "AAAAAAAA",
5        "type": "RsaVerificationKey2018",
6        "controller": "#id",
7        "publicKeyPem": "--BEGIN PUBLIC KEY\r\nCCCCCCCC...END PUBLIC KEY--\r\n"
8      }, {
9        "id": "BBBBBBBB",
10       "type": "Secp256k1VerificationKey2018",
11       "controller": "#id",
12       "publicKeyHex":
     "BBBBBBBBde767f084ce3080168ee293053ba33b235d7116a3263d29f1450936b71"
13     }, {
14       "id": "CCCCCCCC",
15       "type": "Ed25519VerificationKey2018",
16       "controller": "#id",
17       "publicKeyBase58": "AAAAAAAAMv6gmMNam3uVAjZpfkcJCwDwnZn6z3wXmqPV"
18     }
19   ],
20   ...
21 }
```

다음과 같이 기존 DID document의 publicKey 항목에 인증키를 추가할 수도 있습니다. 2~9번째 줄에 원하는 종류의 인증키를 추가하고, 10번째 줄 authorization 항목에서 해당 인증키가 어떤 권한을 가지는지 정의할 수도 있습니다(authorization 항목은 다음 절에서 설명하겠습니다). 다음과 같이 인증키 추가가 완료되면 세 개의 인증키를 가지고 있던 앞 예제는 네 개의 인증키를 가지게 됩니다.

- **publicKey 항목에 인증키 추가**

```
1  {
2    "publicKey": [
3      {
4        "id": "12345678",
5        "type": "RsaVerificationKey2018",
6        "controller": "#id",
7        "publicKeyBase58": "12345678JDNEHFuem3uVAjZpfkcJCwDwnZn6z3wXmqPV"
8      }
9    ],
10   "authorization": { "profiles": [ {"key": "#12345678", "roles": ["mobile"]} ] }
11 }
```

다음과 같이 삭제하고 싶은 인증키의 id를 deleted 기능을 사용해 삭제할 수도 있습니다.

- **publicKey 항목의 인증키 삭제**

```
{
  "deleted": ["AAAAAAAA"]
}
```

인증키 추가와 삭제를 위해서는 key_admin 권한이 필요한데, 권한에 대해서는 다음 절에서 설명하겠습니다.

5.2.2 authorization

Anywise DID의 경우엔 DID document의 인증키가 어떤 권한을 가지는지 명시할 수 없었습니다. 하지만, Peer DID의 경우엔 DID document의 인증키가 어떤 권한을 가지는지 **authorization** 항목을 통해 설정할 수 있습니다. 다음 예제는 Peer DID document의 authorization 항목을 보여 주는데, authorization 항목에는 profiles과 rules이라는 2가지 세부 항목이 존재합니다.

먼저, **profiles** 항목에는 권한을 설정하기 위한 인증키의 profile을 생성합니다. 예를 들어, 30번째 줄은 'id가 #AAAAAAAA인 인증키의 roles는 mobile'이라는 profile을 의미합니다. 'roles'에는 mobile 같이 해당 인증키에 대한 사용 목적을 추측할 수 있는 값이 들어가는데, roles는 해당 DID document 내에서만 사용되는 값이기 때문에 목적에 맞게 사용자가 원하는 명칭을 사용할 수 있습니다.

rules 항목에는 profiles의 roles에 해당하는 인증키가 어떤 권한을 가지는지에 대한 정보가 포함됩니다. 예를 들어, 41~43번째 줄은 'profiles에서 mobile이라는 roles를 가진 인증키는 authcrypt 권한을 가지는 것'을 의미하고, 46~48번째 줄은 'profiles에서 cloud라는 roles를 가진 인증키는 authcrypt, plaintext, sign 권한을 가지는 것'을 의미합니다(authorization에는 8가지 종류의 권한이 있는데 각각의 권한에 대해서는 잠시 뒤에 설명하겠습니다). rules에는 SGL이라는 문법이 사용되는데, 이 문법을 잘 활용한다면 코딩하듯이 좀 더 다양한 방식으로 권한을 부여할 수도 있습니다. 예를 들어, 51~56번째 줄은 offline과 biometric이라는 roles를 가진 두 개의 인증키를 사용할 경우 key_admin, se_admin, rule_admin 권한을 얻을 수 있다는 것을 의미합니다. rules에 대한 자세한 문법은 SGL documentation(https://evernym.github.io/sgl/)에서 확인할 수 있습니다. 마지막으로, roles 항목을 사용하지 않고 publicKey의 인증키 id를 바로 호출해서 권한을 부여할 수도 있습니다. 예를 들어, 36~38번째 줄에는 #AAAAAAAA id를 가진 인증키는 register 권한을 부여한다고 명시되어 있습니다.

● **Peer DID document의 publicKey 항목과 authorization 항목**

```
1   {
2     "publicKey": [
3       {
4         "id": "AAAAAAAA",
5         "type": "RsaVerificationKey2018",
6         "controller": "#id",
7         "publicKeyPem": "--BEGIN PUBLIC KEY\r\nCCCCCCCC...END PUBLIC KEY--\r\n"
8       }, {
9         "id": "BBBBBBBB",
10        "type": "Secp256k1VerificationKey2018",
11        "controller": "#id",
12        "publicKeyHex":
    "BBBBBBBBde767f084ce3080168ee293053ba33b235d7116a3263d29f1450936b71"
13      }, {
14        "id": "CCCCCCCC",
```

```
15        "type": "Ed25519VerificationKey2018",
16        "controller": "#id",
17        "publicKeyBase58": "AAAAAAAAMv6gmMNam3uVAjZpfkcJCwDwnZn6z3wXmqPV"
18      }
19    ],

20    ...
28  "authorization": {
29      "profiles": [
30          { "key": "#AAAAAAAA", "roles": ["mobile"] },
31          { "key": "#BBBBBBBB", "roles": ["cloud", "biometric"] },
32          { "key": "#CCCCCCCC", "roles": ["offline"] }
33      ],
34      "rules": [
35          {
36              "grant": ["register"],
37              "when": {"id": "#AAAAAAAA"},
38              "id": "7ac4c6be"
39          },
40          {
41              "grant": ["route", "authcrypt"],
42              "when": {"roles": "mobile"},
43              "id": "11111111"
44          },
45          {
46              "grant": ["authcrypt", "plaintext", "sign"],
47              "when": {"roles": "cloud"},
48              "id": "22222222"
49          },
50          {
51              "grant": ["key_admin", "se_admin", "rule_admin"],
52              "when": {
53                  "any": [{"roles": "offline"}, {"roles": "biometric"}],
54                  "n": 2
55              },
56              "id": "abcdefgh"
57          }
58      ]
59    }
60  }
```

authorization 항목에서는 미리 정의된 8가지 종류의 권한을 인증키에 부여할 수 있습니다. 8가지 권한은 다음과 같습니다.

- **register**: 상대방과 Peer DID 통신을 시작할 수 있는 권한을 부여합니다. Peer DID 통신을 시작하기 위해서는 서로 genesis DID document를 교환한 후 해당 genesis DID document에 존재하는 register 권한의 인증키로 상호 간의 인증을 수행해야만 합니다. 그래야 Peer DID 통신 생성이 완료됩니다. Peer DID 또한, register 권한을 가진 키에 의해서 생성됩니다. 5.1절에서 Peer DID는 DID document를 해시한 값을 바탕으로 생성한다고 설명했죠? Peer DID를 생성하는 genesis DID document에는 register 키가 꼭 포함되어 있어야만 상대방과의 정상적인 Peer DID 통신 생성이 완료됩니다.
- **authcrypt**: Peer DID를 통해 사용자 간에 주고받는 데이터를 암호화할 수 있는 권한을 부여합니다. Peer DID 통신을 수행하는 대부분의 기기들은 authcrypt 권한을 가집니다.
- **route**: 메시지를 전달할 수 있는 권한을 부여합니다. 예를 들어, 다음 그림과 같이 사용자 1이 암호화된 메시지와 전달 방법을 route 권한 키로 암호화한 뒤 전달자에게 전달합니다. 이후 전달자는 route 권한 키로 메시지를 복호화하여 전달 방법을 확인합니다. 사용자 2에게 전달하라고 명시된 전달 방법을 확인한 후 다시 route 권한의 인증키로 암호화해서 사용자 2에게 전달합니다.

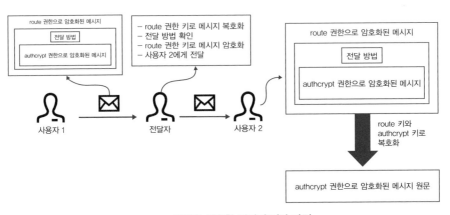

● **route 권한을 이용한 메시지 전달 과정**

- **plaintext**: Hyperledger Aries에서 개발 중인 DID 관련 프로토콜인, DIDComm의 메시지의 원문을 볼 수 있는 권한을 가집니다. DIDComm에 대해서는 5.4절 Peer DID 프로토콜에서 자세히 다루겠습니다.

- **sign(oblige)**: 상대방이 약관 동의나 계약 등을 요구했을 때 해당 키를 이용하여 상대방의 요청을 승낙할 수 있는 권한을 가집니다.

- **key_admin**: publicKey와 authentication 항목 내 인증키를 추가하거나 삭제할 수 있는 권한을 부여합니다. 또한, authorization 내 profiles 항목도 추가하거나 삭제할 수 있는 권한을 가집니다.

- **se_admin**: service 항목 내 service endpoint를 추가하거나 삭제할 수 있는 권한을 부여합니다.

- **rule_admin**: authorization 항목의 rules 내용을 추가하거나 삭제할 수 있는 권한을 부여합니다.

만약 사용자가 모바일 디바이스와 해당 디바이스에 저장된 41~43번째 줄의 키를 분실했다면 어떻게 해야 할까요? 악의적인 사람이 모바일 디바이스를 취득하여 해당 키를 이용해 통신을 하면 안 되기 때문에 분실한 키를 삭제해야 합니다. 이러한 경우, 사용자는 오프라인에 안전하게 보관 중인 키와 생체 인증을 통해 인증할 수 있는 키인 51~56번째 줄의 키를 이용하여 분실한 키를 삭제할 수 있습니다. key_admin과 rule_admin 등 높은 권한을 사용할 때는 하나의 키를 통해 권한을 사용할 수 있게 설정하기보다는 복수 개의 키를 통해서만 해당 권한을 사용할 수 있도록 설정하는 것이 좋습니다.

5.2.3 service

service 항목에는 해당 DID document 관련 서비스를 제공하기 위한 URL 주소가 포함되어 있습니다. 예를 들어, DID document를 수신한 사용자는 24번째 줄의 serviceEndpoint 항목으로 접속하여 해당 DID document를 관리하는 Agent와 필요한 데이터를 주고받을 수 있습니다.

- **Peer DID document의 service 항목**

```
...
  "service": [
    {
      "id": "agent",
      "type": "AgentService",
      "serviceEndpoint": "https://example.agent.com"
    }
  ]
...
```

publicKey 항목 중 se_admin 권한을 가진 키를 이용해 service 항목을 다음과 같이 추가하거나 삭제할 수 있습니다.

- **service 항목 추가**

```
{
  "service": [
    {
      "id": "NAS",
      "type": "NASService",
      "serviceEndpoint": "https://example.nas.com"
    }
  ]
}
```

- **service 항목 삭제**

```
{
  "deleted": [ "#agent" ]
}
```

5.2.4 authentication

Anywise DID와 마찬가지로 Peer DID document의 **authentication** 항목을 이용하면 사용자는 DID의 소유권을 인증할 수 있습니다. 하지만, Peer DID 표준 문서에 의하면

authentication 항목을 사용하는 것을 권장하지 않습니다. 왜냐하면 각각의 키마다 권한을 설정할 수 있는 authorization과 달리, authentication에 명시된 키에는 권한을 설정할 수 없고 해당 키를 통한 한 번의 인증으로 DID에 대한 많은 권한을 가질 수 있기 때문입니다. 하나의 키로 모든 인증 작업을 수행하면 보안에 취약할 수 있으므로 가급적이면 authorization 항목을 통해 사용 용도에 따라 다수의 키에 권한을 분산하여 사용하는 것이 좋습니다.

● **Peer DID document의 authentication 항목**

```
...
"authentication": [ "#AAAAAAAA" ],
...
```

5.3 Backing Storage

다음 그림은 Peer DID document가 저장되는 방식을 보여 줍니다. 사용자들은 Peer DID document 내용을 sync_state 데이터 양식에 담아 connection protocol을 통해 주고받습니다. sync_state를 수신한 사용자는 해당 내용을 검증한 뒤 Backing storage에 저장된 DID document를 업데이트하는데, 이번 절에서는 Peer DID Document를 관리하는 저장소인 **Backing storage**에 관해 설명하겠습니다.

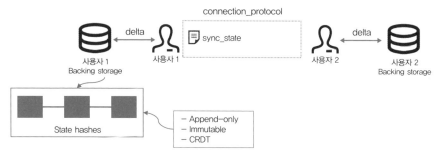

● **Backing storage 저장 방식 개념도**

사용자는 Peer DID document에 대한 정보를 sync_state 데이터 내 **deltas** 항목에 포함하여 전달합니다. deltas 항목은 id, change, by, when이라는 4가지 세부 항목을 가집니다. **change** 항목은 Peer DID document의 내용 중 추가하거나 삭제할 항목에 대한 데이터를 base64 방식으로 인코딩한 값을 가집니다. 예를 들어, 만약 publicKey 항목에 인증키를 추가하고 싶다면 5.2.1절의 'publicKey 항목에 인증키 추가' 예제와 같은 양식의 데이터를 base64 방식으로 인코딩하여 change 값에 입력하는 것이죠. 만약 상대방과 처음으로 Peer DID document를 교환할 경우, change 값에는 genesis DID document 데이터 전부를 입력합니다. **by** 항목은 해당 DID document 항목을 수정할 수 있는 권한의 인증키 서명이 포함되어 있습니다. 예를 들어, 위 그림에서 사용자 1이 publicKey 항목에 인증키를 추가하고 싶다면 key_admin 권한을 가진 인증키로 서명을 해야만 합니다. 마찬가지로 service 항목을 추가하거나 삭제하고 싶다면 se_admin 권한의 인증키로 서명해야만 합니다. 만약 적절한 권한의 인증키에 대한 서명을 사용자 2에게 제출하지 못할 경우 사용자 2는 사용자 1의 Peer DID document를 업데이트하지 않습니다. **when** 항목은 deltas 항목이 생성된 시간을 의미합니다. 마지막으로, **id** 항목은 블록체인의 트랜잭션 ID와 같이 현재 전송하는 deltas에 대한 ID 값을 의미합니다. deltas의 id 값은 이전에 사용된 값이 아닌 고유한 값을 사용해야만 합니다. 만약 Peer DID document의 내용을 수정하고 싶다면 앞서 사용했던 id가 아닌 새로운 id의 deltas를 생성해야 하며, Backing storage에 이미 commit된 deltas 값은 절대 수정할 수 없습니다. 그 이유에 대해서는 다음 CRDT 절에서 설명하겠습니다.

● **sync_state 데이터 구조**

```
{
  "@type": "...",
  "@id": "...",
...
  "deltas": [
    {
      "id": "040aaa5e-1a27-40d8-8d53-13a00b82d235",
      "change": "Peer DID document 변경 내용(base64)",
      "by": [ {"key": "H3C2AVvL", "sig": "ewoirhdsbi..."} ],
      "when": "2020-01-01T00:00:00.00Z"
    }
```

```
    ]
}
```

5.3.1 CRDT

Backing storage는 다수의 사용자가 Peer DID document를 동시에 수정하더라도 충돌 없이 처리할 수 있어야만 합니다. 예를 들어, 다음 그림과 같이 두 명의 사용자가 Backing storage에 동시에 데이터를 전송했을 때 데이터가 누락되거나 의미가 변질되지 않고 사용자 1과 사용자 2가 보낸 데이터 원형이 그대로 저장돼야만 합니다.

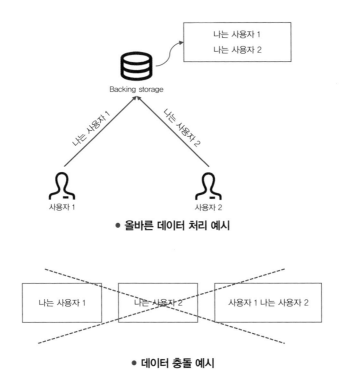

이처럼 충돌을 방지하는 기능을 **CRDT(Conflic-free Replicated Data Type)**라고 부르는데, Backing storage에도 CRDT 기능이 필수적으로 탑재되어야 합니다. Backing storage는

다음 특성을 통해 CRDT 기능을 지원합니다.

- backing storage에 입력되는 모든 데이터에는 고유한 id 값이 할당되어야 합니다.
- 한 번 사용된 id의 데이터를 수정하는 것은 불가능하고 오직 새로운 id를 통해 데이터를 추가하거나 deletion list를 통해 데이터를 삭제할 수 있습니다. 예를 들어, backing storage에 아래 deltas 값이 저장되어 있다고 가정해 봅시다.

● **id 값에 11111111이 할당된 deltas**

```
"deltas": [{
 "id": "11111111",
 "change": "ewdWJsAgICB...ozd1htcVBWcGZn0=",
 "by": [ {"key": "AAAAAAAA", "sig": "if8DDY9tgTa...i40vsNFEGIIEDA=="} ],
 "when": "2020-01-01T00:00:00.00Z"
}]
```

base64로 인코딩된 deltas의 change 값을 디코딩하면 다음과 같은 Peer DID document를 얻을 수 있습니다.

● **deltas의 change 데이터(id: "11111111")**

```
{
  "publicKey": [
    {
      "id": "AAAAAAAA",
      "type": "RsaVerificationKey2018",
      "controller": "#id",
      "publicKeyPem": "--BEGIN PUBLIC KEY\r\nCCCCCCCC...END
PUBLIC KEY--\r\n"
    }
...
```

만약 이 예제에 새로운 인증키를 추가하고 싶다면 deltas의 id 값에 새로운 id를 할당한 후 change 항목에 변경된 내용을 입력하면 됩니다.

● **id 값에 22222222가 할당된 deltas**

```
"deltas": [{
 "id": "22222222",
 "change": "gbnejirob...foiewhr",
```

```
"by": [ {"key": "AAAAAAAA", "sig": "if8DDY9tgTa...i40vsNFEGIIEDA=="} ],
"when": "2020-01-01T11:11:11.11Z "
]}
```

- **deltas의 change 데이터(id: "22222222")**

```
{
  "publicKey": [
    {
      "id": "12345678",
      "type": "Secp256k1VerificationKey2018",
      "controller": "#id",
      "publicKeyBase58": "12345678JDNEHFuem3uVAjZpfkcJCwDwnZn6z3wXmqPV"
    }
  ],
"authorization": {
  "profiles": [
      {"key": "#12345678", "roles": ["mobile"]}
  ]
}
```

- **commit된 후의 Peer DID document**

```
{
  "publicKey": [
    {
      "id": "AAAAAAAA",
      "type": "RsaVerificationKey2018",
      "controller": "#id",
      "publicKeyPem": "--BEGIN PUBLIC KEY\r\nCCCCCCCC...END
PUBLIC KEY--\r\n"
    }, {
      "id": "12345678",
      "type": "Secp256k1VerificationKey2018",
      "controller": "#id",
      "publicKeyBase58": "12345678JDNEHFuem3uVAjZpfkcJCwDwnZn6z3wXmqPV"
    }
  ],
"authorization": {
  "profiles": [
      {"key": "#12345678", "roles": ["mobile"]}
  ]
}
```

하지만, 다음과 같이 Backing storage에 이미 commit된 deltas와 동일한 id를 사용하여 Peer DID document를 수정하는 것은 불가능합니다.

● **Backing storage에 이미 존재하는 deltas 수정(불가능)**

```
"id": "11111111",
"change": "wofhawoebnB...fgoiewro",
"by": [ {"key": "AAAAAAAA", "sig": "if8DDY9tgTa...i40vsNFEGIIEDA=="} ],
"when": "2020-01-01T11:11:11.11Z "
```

Peer DID document 내용 중 삭제하고 싶은 항목은 stored variant에 존재하는 deletion list를 이용해 삭제할 수 있습니다. 예를 들어, 만약 publicKey 항목 중 id가 AAAAAAAA인 인증키를 삭제하고 싶다면 다음 데이터를 change 항목에 입력하여 삭제하면 됩니다.

● **publicKey 항목의 인증키 삭제**

```
{
   "deleted": ["AAAAAAAA"]
}
```

추가 혹은 삭제만 가능한 저장소 구조에서 데이터를 추가하는 것은 큰 문제가 되지 않습니다. 하지만, 삭제의 경우 조금 복잡한 문제가 발생합니다. 다음 그림에서는 평범한 사용자와 악의적인 사용자가 서로 상대방의 인증키를 삭제해 줄 것을 요청하고 있습니다. 이러한 경우 Backing storage는 두 개의 삭제 요청을 어떻게 처리해야 할까요? 만약 메시지를 수신하는 순서대로 처리할 경우, 악의적인 사용자가 메시지를 먼저 전송한다면 올바른 사용자의 인증키가 삭제되기 때문에 문제가 될 수 있습니다. 이런 문제를 해결하기 위한 구체적인 해결책은 아직 제시되지 않았지만, Peer DID document의 authorization 항목과 DIDComm의 Sync Connection protocol을 통한 해결책이 개발 중에 있습니다. 예를 들어, 인증키 삭제 권한(key_admin)을 사용하기 위해서는 일정 수 이상의 사용자 인증키가 필요하도록 설정하고, 일정 수 이상의 참여자가 Commit하기 전까지는 delta를 pending 상태로 보관하는 방법 등을 사용하면 한 명의 악의적인 사용자가 다른 사용자의 인증키를 함부로 삭제할 수 없게 됩니다.

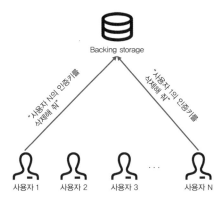

● 올바른 사용자와 악의적인 사용자(사용자 N)가 삭제 요청을 전송하는 경우

5.4 Peer DID 프로토콜

지금까지 Peer DID의 구조 및 생성 방법, Peer DID document 구성요소, 그리고 Peer DID document를 저장하고 관리하는 Backing storage에 대해 알아보았습니다. 이번 절에서는 Peer DID 통신을 위한 CRUD(Create/Read/Update/Deactivate) 프로토콜에 관해서 알아보겠습니다.

5.4.1 Create

Peer DID 통신을 시작하기 위해서는 통신에 참여한 각각의 사용자들의 Backing storage에 Peer DID와 Peer DID document 정보를 안전하게 생성하고 등록해야만 합니다. aries-rfcs에는 DID 정보를 안전하게 교환하기 위한 프로토콜인 **DID Exchange Protocol(Aries RFC 0023)**이 정의되어 있는데, 이번 절에서는 DID Exchange Protocol을 이용한 Peer DID 정보 교환 방식을 설명하겠습니다.

DID Exchange Protocol을 사용하면 다음과 같이 **Invitation, Exchange request, Exchange response**라는 3가지 타입의 데이터 교환을 통해 DID 정보를 교환하게 됩니다. 다음 그림 속 예제를 통해 DID Exchange Protocol을 사용하여 어떻게 Peer DID 정보를 교환할 수 있는지 알아보겠습니다.

먼저, (1)Invitee는 Peer DID를 교환하고 싶은 상대방(Inviter)의 웹사이트에 접속하거나 Anywise DID document의 Service Endpoint를 확인하는 방법 등으로 Request invitation 메시지를 전송합니다.

● **Peer DID 및 Peer DID document 등록 과정**

(2)Request invitation 메시지를 받은 Inviter는 DID Exchange Protocol에 정의된 양식에 따라 다음과 같이 Invitation 메시지를 생성하여 Invitee에게 전송합니다. Invitation 메시지에는 4가지 항목이 존재합니다. 2번째 줄의 **@type**은 해당 메시지가 어떤 메시지인지 나타내며, 3번째 줄의 **@id**는 해당 메시지의 고유한 id 값을 의미합니다. 4번째 줄 **label**은 누구에게 보내는 메시지인지 확인하기 위한 용도로 사용되고, 5번째 줄의 **did** 항목은 Inviter의 DID이며 Invitee가 이후에 보낼 Exchange request 메시지를 암호화하거나 Service endpoint를 알아내는 용도로 사용됩니다.

● **Anywise DID를 사용한 Invitation 메시지 예제**

```
1  {
2      "@type": "https://didcomm.org/didexchange/1.0/invitation",
3      "@id": "12345678900987654321",
4      "label": "YOON",
5      "did": "did:sov:ABCDE..."
6  }
```

다음과 같이 Anywise DID를 사용하지 않고 **recipientKeys**와 serviceEndpoint를 사용하여 향후 메시지를 암호화하고 Service endpoint를 알아낼 수도 있습니다. routingKeys는 Inviter와 Invitee 사이 메시지 전달자가 있을 경우 사용될 수 있습니다.

● **recipientKeys를 사용한 Invitation 메시지 예제**

```
1  {
2      "@type": "https://didcomm.org/didexchange/1.0/invitation",
3      "@id": "12345678900987654321",
4      "label": "YOON",
5      "recipientKeys": ["SDGhhweroh... "],
6      "serviceEndpoint": "https://example.com/endpoint",
7      "routingKeys": ["dofjsbgowo..."]
8  }
```

(3) Invitation을 수신한 Invitee는 Invitation 메시지 내 Anywise DID 혹은 recipientKeys를 이용하여 Exchange request 메시지를 암호화한 후 Inviter에게 전송합니다. 다음 예제에서 2~3번째 줄의 @id와 @type을 통해 메시지의 고유 ID와 해당 메시지가 어떤 메시지인지 알 수 있습니다. 4번째 줄의 ~thread 항목은 메시지가 어떤 메시지에 대한 응답인지 나타내고 있습니다. 예를 들어, Exchange request는 Inviter의 Invitation에 대한 응답이니 Invitation의 @id 값이 입력됩니다. 6~8번째 줄에는 Invitee의 Peer DID 정보가 들어갑니다.

● **Exchange request 메시지 예제**

```
1  {
2      "@id": "5678876542345",
3      "@type": "https://didcomm.org/didexchange/1.0/request",
```

```
 4      "~thread": { "pthid": "12345678900987654321" },
 5      "label": "Bob",
 6      "connection": {
 7        "did": "did:peer:AAAA...",   Invitee의 Peer DID
 8        "did_doc": {
 9             Invitee의 Peer DID document 정보
10        }
11      }
12    }
```

(4)마지막으로, Exchange request를 수신한 Inviter는 자신의 Backing storage에 Invitee
의 Peer DID document를 저장합니다. 그리고 다음과 같이 자신의 Peer DID 정보가
담긴 Exchange response 메시지를 Invitee의 Peer DID document에 포함된 공개키를 이
용하여 암호화한 후 Invitee에게 전송합니다.

● **Exchange response 메시지 예제**

```
 1    {
 2      "@type": "https://didcomm.org/didexchange/1.0/response",
 3      "@id": "12345678900987654321",
 4      "~thread": {
 5        "thid": "<The Thread ID is the Message ID (@id) of the first message
      in the thread>"
 6      },
 7      "connection": {
 8        "did": "A.did@B:A",
 9        "did_doc": {
10          "@context": "https://w3id.org/did/v1",
11          DID Doc contents here.
12        }
13      }
14    }
```

(5)Invitee 또한 자신의 Backing storage에 Inviter의 Peer DID document를 저장하면
Peer DID 통신 생성이 완료됩니다. Peer DID document를 교환한 Inviter와 Invitee는
이후 Peer DID를 통해 서로를 식별할 수 있고, 이를 기반으로 Verifiable Credential과
같은 필요한 정보들을 교환할 수 있게 됩니다.

5.4.2 Read

Peer DID 통신의 참여자들은 자신의 Backing storage에 모든 참여자들의 Peer DID document를 저장하고 있을 것입니다. 이러한 경우, Peer DID document를 **local resolution**과 **remote resolution** 2가지 방식을 통해 불러올 수 있습니다. local resolution 은 자신의 Backing storage로부터 Peer DID document를 불러오는 것이기 때문에 resolution을 위한 별도의 프로토콜이 필요 없습니다. 하지만, remote resolution의 경 우 resolution protocol이 필요한데, 이번 절에서는 aries-rfcs에 정의된 **DID Resolution Protocol(Aries RFC 0124)**을 기준으로 remote resolution을 설명하겠습니다.

• **Peer DID document resolution 과정**

사용자 1이 사용자 2에게 Peer DID document를 요청한다고 가정하겠습니다.

(1) 사용자 1은 다음과 같이 Peer DID document를 요청하는 resolve 메시지를 사용자 2 에게 전송합니다. 2~3번째 줄의 @type과 @id는 각각 해당 메시지가 어떤 메시지인지, 그리고 메시지의 고유 ID가 무엇인지를 의미합니다. 4번째 줄의 did는 사용자 1이 받고 싶어 하는 Peer DID document의 Peer DID를 의미합니다. 5번째 줄의 input_option은 사용자 1이 원하는 Peer DID document의 버전, 특정 Peer DID document의 항목 등 이 포함될 수 있습니다.

• **resolve 메시지 예제**

```
1  {
2    "@type": "did:sov:BzCbsNYhMrjHiqZDTUASHg;spec/did_resolution/0.1/resolve",
3    "@id": "1234567890...",
4    "did": "did:peer:AAAA...",
5    "input_options": {
6      "version_time": "2020-01-01T20:00:00Z "
7    }
8  }
```

⑵Peer DID 관련 정보는 Peer DID 통신에 참여하는 사용자 외에는 알 수 없어야 합니다. 그리하여 사용자 2는 resolve 메시지의 did 항목이 유효한 Peer DID가 맞는지 확인하거나, Peer DID document를 요청한 사람에게 Stored variant를 알고 있는지 확인하거나, 혹은 Peer DID document의 authorization 항목의 인증키로 인증하는 방법 등으로 사용자 1이 Peer DID 통신 참여자인지 아닌지 확인할 수 있습니다.

⑶인증이 끝나면 사용자 2는 다음과 같이 resolve_result 메시지를 사용자 1에게 전송합니다. 4번째 줄의 ~thread는 사용자 1이 보낸 resolve 메시지의 id 값이 입력되어 있습니다. 사용자 1은 ~thread의 id 값을 통해 자신이 보낸 resolve 메시지에 대한 응답이라는 것을 알 수 있습니다. 5번째 줄의 did_document 항목에는 사용자 1이 요청한 Peer DID에 대한 Peer DID document 데이터가 포함되어 있습니다.

● **resolve_result 메시지 예제**

```
1  {
2    "@type": "did:sov:BzCbsNYhMrjH...;spec/did_resolution/0.1/resolve_result",
3    "@id": "abcdefgh...",
4    "~thread": { "thid": "1234567890..." },
5    "did_document": {
6        Peer DID document 내용
7    }
8  }
```

5.4.3 Update

Peer DID document의 업데이트는 통신에 참여하는 모든 사용자의 Backing storage에 올바르게 반영돼야만 합니다. aries-rfcs에는 분산 환경에서의 DID 정보 동기화를 위한 프로토콜인 **Sync Connection Protocol**(Aries RFC 0030)이 정의되어 있는데, 이번 절에서는 Sync Connection Protocol을 이용한 Peer DID document 업데이트 방식을 설명하겠습니다.

Peer DID 통신에 참여한 사용자는 다음 예제와 같이 sync_state 메시지를 통해 자신의 정보를 업데이트할 수 있습니다. sync_state 메시지 예제의 5번째 줄에는 bash_hash 항목이 있습니다. bash_hash는 지금까지 업데이트된 deltas의 id 항목을 다음 그림과 같이 해시(sha256)한 값인데, 이러한 구조의 bash_hash 값을 통해 해당 sync_state 메시지의 버전과 무결성을 검증할 수 있습니다.

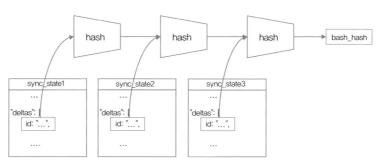

● **bash_hash 생성 과정**

sync_state 메시지를 수신한 사용자는 필요할 경우 7번째 줄의 deltas 항목을 참고하여 자신의 Peer DID 정보를 업데이트할 수 있습니다.

● **sync_state 메시지 예제**

```
1   {
2     "@type":"did:sov:BzCbZDTU...;spec/sync-connection/1.0/sync_state",
3     "@id": "e61586dd-f50e-4ed5-a389-716a49817207",
4     "for": "did:peer:AAAAA...",
5     "base_hash": "d48f058771956a30...",
6     "base_hash_time": "2019-07-23 18:05:06.123Z",
7     "deltas": [
8       {
9         "id": "040aaa5e-1a27-40d8-8d53-13a00b82d235",
10        "change": "ewogICJwdWJsaWNWNL...",
11        "by": [ {"key": "H3C2AVvL", "sig": "if8ooA+32YZc4SQBvIDDY9tg..."} ],
12        "when": "2020-01-01T20:00:00Z "
13      }
14    ]
15  }
```

sync_state를 수신한 사용자는 다음 3가지 동작 중 하나를 선택하여 동작합니다.

- bash_hash 값과 deltas 값을 확인하여 자신의 정보와 동일한 버전이라면 ACK 메시지로 응답합니다.
- 자신에게 없는 정보가 포함되어 있을 경우 누락된 항목을 업데이트한 후 ACK 메시지로 응답합니다.
- 자신의 sync_state가 더 최신 버전이라면 최신 버전이 포함된 sync_state 메시지를 생성하여 응답합니다.

또한, Peer DID 통신에 참여한 사용자들은 다음 그림과 같이 주기적으로 ~state 메시지를 교환하여 최신 정보에 대한 동기화 상태를 확인할 수 있습니다. Peer DID와 현재 상태를 나타내는 bash_hash를 교환한 후 누락된 정보가 있을 경우, sync_state 메시지를 통해 누락된 정보를 업데이트할 수 있습니다.

● ~state 메시지를 통한 동기화 상태 확인

● ~state 메시지 예제

```
"~state": [
  {"did": "사용자 2 Peer DID", "state_hash": "사용자 2 bash_hash"},
  {"did": "사용자 1 Peer DID", "state_hash": "사용자 1 bash_hash"}
]
```

sync_state는 양쪽 모두 업데이트에 동의해야만 Backing storage에 commit됩니다. 다음 첫 번째 그림에서, 사용자 1은 사용자 2에게 Peer DID document 변경 내용에 관한 sync_state를 전송하고 있습니다. 이때 사용자는 변경된 내용을 자신의 Backing storage에 바로 commit하지 않고, pending deltas 상태로 남겨 둡니다. 이후 두 번째 그림처럼, 사용자 1은 사용자 2로부터 해당 sync_state를 반영했다는 Ack 메시지를 받아야만 pending deltas 상태를 commit 상태로 변경할 수 있습니다. 이처럼 Peer DID 통신에 참여한 모든 사용자가 업데이트 내용을 검증해야만 Backing storage에 정식으로 commit될 수 있습니다.

● **pending deltas 예시**

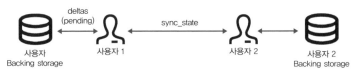

● **deltas commit 예시**

5.4.4 Deactivate

마지막으로, Peer DID 통신을 종료하기 위해 다음과 같이 announce 메시지를 활용할 수 있습니다. 메시지 수신자는 2번째 줄의 @type 항목을 확인하여 송신자가 Peer DID 통신 종료를 요청하는 것을 알 수 있습니다.

● **announce 메시지 예제**

```
1  {
2    "@type":"did:sov:BzCbsg...;spec/abandon_connection/1.0/announce",
3    "@id": "c17147d2-ada6-4d3c-a489-dc1e1bf778ab",
4    "~please_ack": {}
5  }
```

SSI 플랫폼 분석

지금까지 SSI 시스템을 이루는 기술들의 구조와 동작 원리를 배웠습니다. 이번 장에서는 SSI 기술들이 실제 어떻게 개발되는지 가장 활발하게 개발되고 있는 SSI 플랫폼 중 하나인 하이퍼레저의 SSI 플랫폼을 통해 알아보겠습니다.

하이퍼레저의 SSI 플랫폼은 다음과 같이 3가지 기능별로 나뉘어 개발되고 있습니다. 먼저, **indy-node** 프로젝트가 있습니다. DID document와 같이 신원 인증에 필요한 데이터를 신뢰성 있게 저장하기 위해서 블록체인을 사용하는데, 이를 개발하는 프로젝트입니다. 다음으로, 블록체인과 클라이언트 간의 통신을 위한 API 개발을 연구하는 **indy-sdk**가 있습니다. 마지막으로 DID, VC, VP 등 사용자가 직접 사용하는 상위 데이터 프로토콜을 개발하기 위한 **Aries** 프로젝트가 있습니다. 그럼, 지금부터 각각의 프로젝트를 통해 SSI 기능이 어떻게 구현되는지 알아보겠습니다.

● **하이퍼레저의 SSI 프로젝트**

6.1 Hyperledger indy-node

Hyperledger **indy-node** 프로젝트는 SSI 데이터에 특화된 블록체인 노드를 개발하는 프로젝트입니다. indy-node는 다음 그림과 같이 **indy-plenum** 프로젝트를 기반으로 개발되었습니다. indy-plenum에는 블록체인의 핵심이 되는 합의 알고리즘과 원장의 구조 등이 개발되어 있습니다. 또한, Indy-plenum에서는 플러그인 형태로 사용자가 원하는 트랜잭션을 개발하여 사용할 수 있습니다. 신원 인증을 위한 Schema, Credential definition 등의 트랜잭션을 개발하여, indy-plenum에 플러그인하여 사용하는 프로젝트가 바로 indy-node 프로젝트입니다(Schema와 Credential definition은 6.2.3절에서 설명하겠습니다).

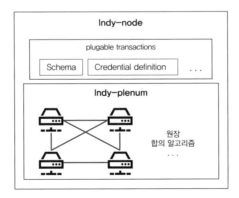

● **Indy-node 개발 구조 개념도**

하나의 원장에서 모든 데이터를 저장하는 대부분의 블록체인과 달리, indy-node에서는 다음 그림과 같이 Domain ledger, Config ledger, Pool ledger, Audit ledger로 구성된 4종류의 원장을 통해 데이터를 저장합니다. **Domain ledger**는 DID와 같이 사용자의 신원 인증과 관련된 데이터를 저장하고, **Config ledger**는 Public-Permissioned 구조의 블록체인인 indy-node에 대한 사용자 권한 정보를 저장합니다. 그리고 **Pool ledger**는 블록체인 노드의 IP/port 등과 같은 정보를 저장하고, 마지막으로 **Audit ledger**는 앞의 3가지 원장의 트랜잭션을 순서대로 저장하고 있다가 동기화나 복구 등이 필요한 경우에 사용됩니다.

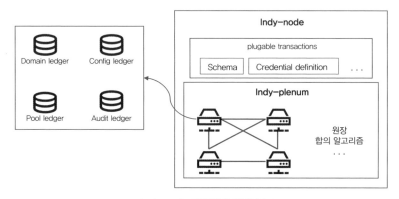

• **indy-node 블록체인 원장 구조**

indy-node 블록체인은 다음 그림과 같이 Observer 노드와 Validator 노드로 구성된 두 종류의 노드로 운영됩니다. Validator 노드는 Write request를 처리하는 노드이며, 추후 공부할 RBFT 합의 알고리즘을 구동하는 노드입니다. 반면, Observer 노드는 사용자의 Read request를 처리하는 노드이며, Validator에 장애가 발생할 시 언제든지 Validator 노드가 될 수 있도록 대기 상태를 유지합니다. 이러한 구조를 취할 시 Read와 Write request를 분산하여 블록체인 노드의 부하를 줄일 수 있으며, 실제 합의를 진행하는 Validator 노드에 장애가 발생했을 시 Observer가 Validator를 대체할 수 있어서 장애 처리에 이점을 가집니다.

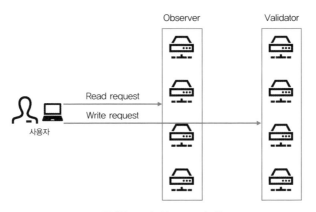

● **Validator & Observer 노드**

그럼, 지금부터 본격적으로 indy-node 블록체인이 사용하는 합의 알고리즘, 블록체인 원장 구조, 블록체인 트랜잭션 구조를 알아보겠습니다.

6.1.1 합의 알고리즘

SSI 환경에서는 누구나 신원증명을 발행하거나 검증할 수 있어야 합니다. 이를 만족시키려면 누구나 신뢰성 있게 데이터를 작성하고 검증할 수 있는 데이터 저장소가 필요한데, 이러한 조건에 가장 적합한 저장소 중 하나가 블록체인입니다.

네트워크 장애나 악의적인 노드의 영향으로 정보가 전달되는 시간을 예측할 수 없는 비동기 네트워크 구조에서, 블록체인은 합의 알고리즘을 통해 데이터를 올바르게 저장할 수 있습니다. 그리고 완벽한 합의를 위해서는 다음 3가지 특성을 모두 만족해야만 합니다.

- Termination(Liveness): 합의에 참여하는 모든 노드는 언젠가는 어떤 값을 결정해야 한다.
- Agreement(Safety): 모든 노드들은 동일한 값을 결정해야 한다.
- Validity(Safety): 결정된 값은 어떠한 과정을 통해 결정되어야만 한다.

Termination과 Agreement는 단어와 설명만으로 직관적인 이해가 가능합니다. 하지만, Validity는 단어와 설명만으로는 바로 이해하기가 힘든데, Validity를 만족하지 않는 조건을 예로 들어 설명하겠습니다. 만약 합의에 참여한 노드들이 모두 입력값과 시간에 관계없이 1을 출력하고 있다면 과연 이러한 출력값은 올바르다고 할 수 있을까요? Validity를 만족하기 위해서는 입력값, 시간 등의 상관 관계를 가지는 어떠한 과정을 통해서 출력값이 결정돼야만 합니다.

하지만, 안타깝게도 어떤 분야든 완벽한 것을 만드는 게 불가능하듯 비동기 네트워크에서의 완벽한 합의 또한 불가능합니다. FLP Impossibility라는 유명한 이론에 따르면 비동기 네트워크에서는 위의 3가지 특성 중 최대 2가지까지만 만족할 수 있다고 합니다. 위의 3가지 조건들은 Liveness(실시간성)와 Safety(안정성)라는 2가지 특성으로 다시 분류될 수 있는데, 블록체인은 Liveness에 특화된 합의와 Safety에 특화된 합의 중 하나로 개발될 수 있습니다.

비트코인이나 이더리움 등에 사용되는 PoW(Proof of Work)는 The longest chain rule에 의해 가장 긴 체인을 가진 블록이 올바른 블록으로 채택되는, Liveness에 좀 더 특화된 합의 방식입니다. 하지만, 이때 블록 전파 문제 등에 의한 Fork 현상이나, 악의적인 노드가 높은 컴퓨팅 파워를 사용하여 잘못된 블록을 제출할 경우에도 해당 블록은 합의가 될 수 있는 사실 때문에 Safety를 온전히 보장할 수는 없습니다.

indy-node나 Tendermint 등에서 사용되는 PBFT(Practical Byzantine Fault Tolerance) 합의 알고리즘은 합의에 참여하는 노드가 투표를 통해 올바른 블록을 결정하는 방식을 가집니다. 투표 방식의 합의 알고리즘을 사용하면 특정 수 이상의 장애 노드나 악의적인 노드가 존재하지 않는 한 반드시 올바른 블록이 채택됩니다. 따라서 Safety를 보장할 수 있지만, 합의를 해야 하는 블록 등의 데이터가 모든 노드로 전달된다는 보장을 하지 않기 때문에 합의가 이루어지지 않을 수도 있습니다. 즉, Liveness를 온전히 보장할 수 없는 것이죠.

앞서 언급한 것처럼 indy-node는 Safety 특성이 강한 PBFT 계열의 합의 알고리즘, RBFT(Redundant Byzantine Fault Tolerance)를 사용하고 있습니다. RBFT를 이해하기 위해

서는 먼저 PBFT를 이해해야 합니다. PBFT의 시초를 거슬러 올라가다 보면 두 장군 문제(Two Generals' Problem)를 만날 수 있습니다. 다음 그림을 보면 적진을 사이에 둔 두 명의 장군이 있습니다. 두 장군이 적진의 성을 함락시키기 위해서는 동시에 성을 공격해야만 합니다. 동시에 적진의 성을 공격하려면 공격 시간을 합의해야만 하는데, 성이 두 장군 사이에 있기 때문에 공격 시간이 담긴 합의 메시지는 적진의 성을 통과해야만 합니다. 이러한 경우 장군 1이 공격 시간이 담긴 메시지를 장군 2에게 보내더라도 메시지가 무사히 전달됐는지 확인할 길이 없고, 장군 2의 경우 장군 1로부터 받은 공격 시간 메시지가 적진에 의해 변조됐는지 확인할 방법이 없습니다. 결국 양측 모두 메시지의 무결성이나 도달 여부를 확인할 수 없습니다. 바로 이것이 공격 시간을 합의할 수 없는 두 장군 문제입니다.

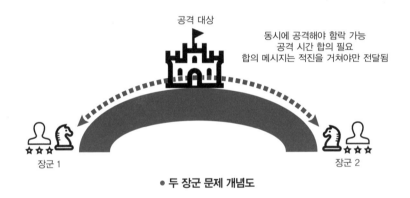

공격 대상

동시에 공격해야 함락 가능
공격 시간 합의 필요
합의 메시지는 적진을 거쳐야만 전달됨

장군 1   장군 2

● **두 장군 문제 개념도**

두 장군 문제를 확장한 것으로, 세 명 이상의 장군 중 일정 수 이상의 장군이 동시에 적진을 공격해야만 적진을 함락시킬 수 있는 **비잔틴 장군 문제(Byzantine Generals' Problem, BGP)**도 있습니다. 비잔틴 장군 문제에서 기본적인 가정은 다음과 같습니다.

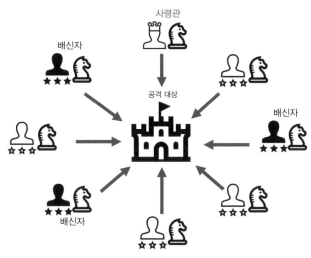

● 비잔틴 장군 문제 개념도

- 일정 수 이상의 장군이 동시에 공격해야 적진을 함락시킬 수 있다.

- 메시지는 적진을 통과해야만 한다.

- n명의 장군 중 한 명은 명령을 전달하는 사령관이다.

- 사령관으로부터 메시지를 받은 장군들은 사령관을 제외한 나머지 장군들에게 자신이 받은 메시지를 다시 전달한다.

- 일정 시간 이후 각 장군들은 자신이 받은 정보를 토대로 공격 혹은 후퇴를 결정한다.

- 올바른 장군들은 모두 같은 명령을 수행한다.

- 만약 사령관이 배신자가 아니라면 올바른 장군들은 모두 사령관의 명령을 수행한다.

다음 그림과 같이 비잔틴 장군 문제에서 배신자는 두 경우가 존재합니다. 첫째, 사령관이 배신자일 경우 그리고 둘째, 장군이 배신자일 경우입니다. 먼저, 사령관이 배신자일 경우를 한번 생각해 보겠습니다. 사령관은 정상적인 합의를 하지 못하게 장군들에게 서로 다른 메시지를 전송합니다. 이러한 경우 장군 1은 (공격, 후퇴) 메시지를 수신하게 되고, 장군 2는 (후퇴, 공격) 메시지를 수신하게 됩니다. 다른 명령이 포함된 두 개의 메시지를 획득한 장군들은 결국 어떤 행동을 취해야 할지 결정하지 못한 채 합의에 실패하게 됩니다. 장군 2가 배신자인 경우에도 배신자는 사령관의 메시지를 위조하여 전달하기 때문에 마찬가지로 장군 1은 올바른 결정을 할 수 없어 합의에 실패하게 됩니다.

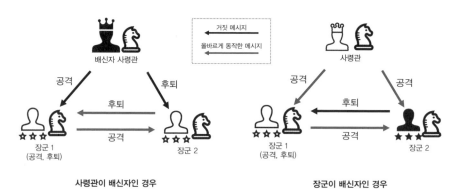

● 비잔틴 장군 문제에서 배신자별 응답 유형

비잔틴 장군 문제를 해결하기 위해 Lamport는 **OM**(Oral Message)과 **SM**(Signed Message) 이라 불리는 2가지 해결책을 제시합니다.

먼저, OM 알고리즘에 관해서 간략하게 설명하겠습니다. OM 알고리즘이 동작하기 위한 전제 조건은 다음과 같습니다.

- 장군들이 보낸 메시지는 자신이 작성한 내용 그대로 전달된다.
- 메시지를 받은 장군들은 누가 메시지를 보냈는지 알 수 있다.
- 누락된 메시지는 전달되지 않음을 알 수 있다.

이러한 전제조건에서 OM 알고리즘은 다음과 같이 실행됩니다.

- 사령관은 모든 장군들에게 명령을 하달한다. 이때 명령은 공격과 후퇴 중 하나가 될 수 있다.
- 사령관으로부터 명령을 하달받은 장군들은 사령관을 제외한 나머지 장군들에게 자신이 받은 명령을 전달한다.

- 장군들은 자신이 받은 명령 중 더 많이 받은 명령을 수행한다. 예를 들어, 공격 명령을 두 명으로부터 받고, 후퇴 명령을 한 명으로부터 받았다면 공격 명령을 수행한다.
- 만약 과반수의 명령을 선택할 수 없다면 전달받은 명령 순서의 중앙값을 선택한다.

다음 그림은 사령관이 배신자인 경우 OM 알고리즘의 동작 과정을 보여 주고 있습니다. 배신자 사령관은 장군 1과 장군 3에게는 공격 명령을, 장군 2에게는 후퇴 명령을 내립니다. 배신자 사령관으로부터 명령을 받은 장군들은 자신이 받은 명령을 자신을 제외한 다른 장군들에게 전달하게 됩니다. 명령 전달이 모두 끝나면 올바른 장군들은 다음과 같은 명령을 수신하게 됩니다.

- 장군 1 = {**공격**, 후퇴, 공격} ➡ 공격
- 장군 2 = {후퇴, **공격**, **공격**} ➡ 공격
- 장군 3 = {**공격**, 후퇴, **공격**} ➡ 공격

올바른 장군들이 두 개의 공격과 하나의 후퇴 명령을 수신했기 때문에 과반수의 법칙에 따라 공격 명령을 수행하는 것으로 합의를 할 수 있습니다.

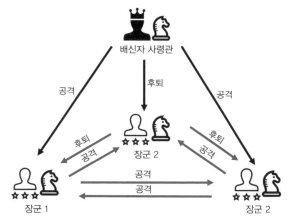

● **OM 알고리즘에서 사령관이 배신자인 경우**

다음 그림과 같이 장군 중 한 명이 배신자라고 가정해 봅시다. 사령관은 모든 장군들에게 공격 명령을 내립니다. 사령관으로부터 공격 명령을 받은 다른 장군들은 자신이 받은 명령을 자신을 제외한 다른 장군들에게 전달하게 되는데, 배신자인 장군 2는 사령관의 명령을 후퇴 명령으로 위조하여 전달하게 됩니다. 이러한 경우 명령 전달이 모두 끝나면 올바른 장군들은 다음과 같은 명령을 수신하게 됩니다.

- 장군 1 = {**공격**, 공격, 후퇴} ⇨ 공격
- 장군 3 = {**공격**, 공격, 후퇴} ⇨ 공격

마찬가지로 올바른 장군들이 두 개의 공격과 하나의 후퇴 명령을 수신했기 때문에 과반수의 법칙에 따라 공격 명령을 수행하는 것으로 합의를 할 수 있습니다. OM 알고리즘은 배신자가 f명 있을 때 $3f+1$ 명 이상의 구성원이 존재한다면 안전한 합의 결과를 도출할 수 있습니다.

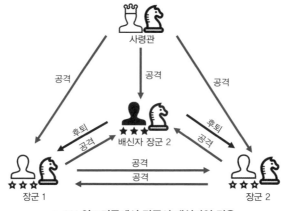

● OM 알고리즘에서 장군이 배신자일 경우

다음으로, SM 알고리즘에 관해서 간략하게 설명하겠습니다. SM 알고리즘은 명령에 자신의 서명을 추가하여 자신이 수신한 명령이 누구를 거쳐서 도달했는지 확인할 수 있게 합니다. SM의 전제조건은 OM의 전제조건에 2가지 조건이 추가됩니다.

- 서명은 위조될 수 없다. 즉, 자신이 아닌 다른 장군의 서명인 것처럼 위조된 서명을 수신한 장군은 서명의 위조 여부를 알 수 있다.
- 서명은 누구나 검증할 수 있다.

이러한 조건에서 SM 알고리즘은 다음과 같이 실행됩니다.

- 사령관은 모든 명령 뒤에 자신의 서명을 추가해서 보낸다. 예를 들어, 명령이 v 고 사령관의 ID가 0이라면 v:0 형태의 메시지를 장군들에게 하달한다.
- 장군들은 사령관 혹은 다른 장군들로부터 전달받은 명령 뒤에 자신의 서명을 추가해서 보낸다. 예를 들어, 장군 1이 수신한 명령이 v:0이라면 다른 장군들에게 v:0:1 메시지를 전달한다.

다음 그림은 SM 알고리즘을 통한 합의 과정을 보여 주고 있습니다. 먼저 사령관이 배신자인 경우, 사령관은 두 명의 장군에게 자신의 서명을 포함한 서로 다른 명령을 하달합니다. 장군 1은 공격 명령을 받아서 장군 2에게 전달하고, 장군 2는 후퇴 명령을 받아서 장군 1에게 전달합니다. 명령 전달이 모두 끝나면 장군 1과 장군 2는 다음과 같은 메시지를 수신하게 됩니다.

- 장군 1 = {공격:(0), 후퇴(0)(2)} ⇨ 자신은 사령관으로부터 공격 명령을 받았는데 장군 2는 사령관으로부터 후퇴 명령을 받은 것을 확인
- 장군 2 = {후퇴:(0), 공격(0)(1)} ⇨ 자신은 사령관으로부터 후퇴 명령을 받았는데 장군 1은 사령관으로부터 공격 명령을 받은 것을 확인

메시지를 모두 수신한 각각의 장군들은 서명을 통해 사령관이 장군들에게 서로 다른 메시지를 보냈다는 것을 확인하여 사령관이 배신자인 것을 알 수 있습니다. 사령관이 배신자임을 알아챈 두 장군은 이후 올바른 장군들 간에만 새로운 합의를 통해 적진을 공격하거나 후퇴하는 합의를 도출할 수 있습니다. SM 알고리즘은 배신자가 f명 있을 때 $f+2$명 이상의 구성원이 존재한다면 안전한 합의 결과를 도출할 수 있습니다.

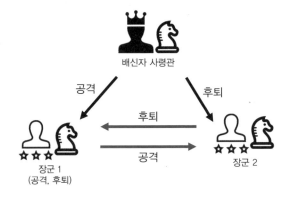

배신자 사령관

공격 → ← 후퇴 ← 후퇴

후퇴

공격

장군 1
(공격, 후퇴)

장군 2

사령관이 배신자인 경우

● **SM 알고리즘을 통한 합의**

이처럼 Lamport는 분산화된 환경에서 노드(장군) 간에 합의하는 문제를 일반화하고, 이를 위한 몇 가지 솔루션을 제시하였습니다. 하지만, OM과 SM은 여러 제약사항 때문에 실제 사용하는 네트워크에서 사용하기는 어려운데, 앞서 OM과 SM이 동작하기 위한 전제조건은 다음과 같다고 하였습니다.

- 장군들이 보낸 모든 메시지는 올바르게 전달된다.
- 메시지를 받은 장군들은 누가 메시지를 보냈는지 알 수 있다.
- 누락된 메시지는 전달되지 않음을 알 수 있다(동기화(synchronous)된 네트워크 필수).

위의 전제조건을 재해석하면, 통신 환경에서 OM과 SM이 동작하기 위해서는 데이터가 모든 노드들에게 꼭 전달돼야만 하고, 신뢰할 수 있는 완전히 연결된 네트워크여야만 하며, 동기화된 네트워크에서만 사용돼야 한다고 할 수 있습니다. 실제 네트워크 환경에서는 불가능이나 마찬가지인 조건인 것이죠. OM과 SM이 가진 한계를 극복하기 위해 Miguel Castro와 Barbara는 1999년, 비동기 네트워크 환경에서 일정 수 이하의 배신자가 있는 경우 합의가 가능한 PBFT 알고리즘을 제안하였고, 이것은 오늘날까지도 블록체인 합의 알고리즘 개발에 근간이 되어 활발하게 사용되고 있습니다. 그럼, 지금부터 본격적으로 PBFT 합의 알고리즘을 알아보겠습니다.

PBFT

PBFT의 시스템 모델(전제조건)을 요약하면 다음과 같습니다.

- 메시지 전달이 지연, 실패, 혹은 무작위 순서인 비동기 네트워크 환경을 허용한다.
- 일부러 잘못된 메시지를 전송하거나 데이터를 지연시키는 행위 등을 수행하는 악의적인 노드(배신자)가 있다고 가정한다(이러한 악의적인 노드를 **비잔틴 노드 (Byzantine node)**라고 합니다).
- 메시지는 언젠가는 전달된다.
- 메시지에는 비대칭키를 이용한 암호화 및 서명, 해시 등이 사용되고, 암호 및 해시 함수는 안전하다고 가정한다.

PBFT의 시스템 모델은 앞서 설명한 OM과 SM이 동작하기 위한 전제조건보다는 좀 더 현실적입니다. OM과 SM을 사용하기 위해서는 동기화 네트워크가 필수였던 반면, PBFT는 비동기 네트워크에서도 사용할 수 있습니다. 또한, OM과 SM은 메시지가 항상 올바르게 전달되고 송신자를 확인할 수 있는 신뢰성 있는 환경에서만 동작할 수 있지만, PBFT는 비대칭키 암호화 및 서명, 해시값 등을 통해 완벽한 신뢰성이 보장되지 않는 환경에서도 메시지 무결성과 송신자 확인을 보장할 수 있습니다.

PBFT는 합의에 참여하는 노드가 투표를 통해 올바른 블록을 결정하는 방식이기 때문에 특정 수 이상의 장애 노드나 악의적인 노드가 존재하지 않는다면 반드시 올바른 블록이 채택되는 Safety 특성이 강조된 알고리즘입니다. 하지만, FLP impossibility 법칙에 의해 Safety와 Liveness를 모두 취하는 알고리즘은 불가능하므로, Liveness에 대한 가정은 '메시지가 언젠가는 전달된다'라는 전제조건으로 갈음하게 됩니다.

PBFT는 전체 네트워크 노드 수가 N이고, 장애 혹은 악의적인 노드 수가 f일 때, 정상적인 합의를 위한 최소한의 노드 수는 $N = 3f + 1$대입니다. 예를 들어, 총 4대의 노드 중 악의적인 노드가 1대 이하이거나, 총 7대의 노드 중 악의적인 노드가 2대 이하라면 정상적인 합의가 가능합니다. 그럼, 왜 전체 노드 수가 $3f + 1$대 이상일 때 합의가 가능할까요? PBFT 시스템 모델에서는 2가지 장애 상황이 발생할 수 있습니다. 먼저, 시스템 장애 등으로 정상적으로 메시지가 전송되지 않는 경우가 있습니다. 이 같은 경우 합의를 위해서는 전체 네트워크 노드 N대 중 장애 노드 f대를 뺀 $N-f$ 대의 올바른 노드 간 합의 과정을 수행해야 합니다. 다음으로, 악의적인 노드 등에 의해 잘못된 메시지를 전송하는 경우가 있습니다. 이같은 경우 앞서 장애 노드를 제외한 $(N-f)$대의 노드 중 잘못된 메시지를 보내는 노드 f대를 뺀 $(N-f)-f$대의 노드 간 합의 과정을 수행해야 합니다. 마지막으로, 합의를 수행하는 노드 $(N-f)-f$대가 장애 혹은 악의적인 노드 f대보다 많아야 하는 조건 $(N-f)-f>f$을 정리하면 $N>3f$가 되고, $N>3f$를 만족하는 최소한의 조건이 $N=3f+1$이 되는 것입니다.

이번에는, 그림 예제를 통해 왜 $N=3f+1$이 되어야 하는지 알아보겠습니다. 다음 그림은 사용자가 bool(x)의 결괏값에 대한 요청을 $3f+1$대의 노드로 구성된 네트워크에 전송합니다. 네트워크의 노드는 결괏값을 합의한 뒤 각각 사용자에게 결괏값을 전송해 줘야 하고, 사용자는 응답의 신뢰성을 위해 $f+1$개의 응답을 받아야 한다고 가정하겠습니다.

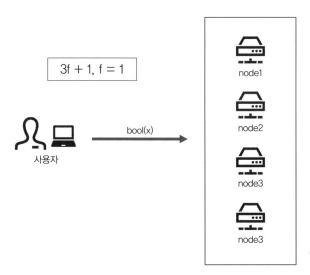

● **bool(x)에 대한 결괏값을 요청하는 사용자**

node 1~4가 bool(x)에 대한 합의 결괏값을 ture로 결정했다고 가정해 봅시다. 다음 그림을 보면 node1과 node2는 사용자에게 정상적인 값으로 응답하지만, 비잔틴 노드가 된 node3은 잘못된 결괏값인 false로 응답하고 장애가 발생한 node4는 아무런 응답도 하지 않습니다. 이러한 경우에도 다음 그림과 같이 $3f+1$대의 노드로 구성된 네트워크에서 사용자는 $f+1$개의 동일한 결괏값(true)을 얻음으로써 해당 결괏값을 신뢰할 수 있습니다. 왜 사용자는 $f+1$개의 동일한 결괏값을 신뢰할 수 있을까요? PBFT에서는 전체 네트워크 노드 중 장애 혹은 비잔틴 노드가 f대만 있다고 가정하고 있습니다. 이러한 상황에서 만약 사용자가 $f+1$개의 동일한 결괏값을 받았다는 의미는 해당 결괏값들이 올바른 값이라는 의미와 같습니다(장애 혹은 비잔틴 노드가 f대뿐인 상황에서 $f+1$개의 잘못된 동일한 결괏값을 전송할 수 없겠죠?)

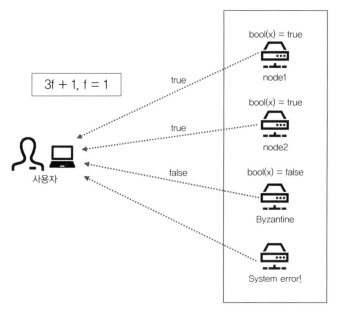

● **시스템 장애 노드와 비잔틴 노드가 존재하는 경우의 응답**

지금까지 PBFT가 동작하기 위한 조건을 알아봤습니다. 지금부터는 PBFT의 상세 동작 과정에 대해서 알아보겠습니다. 다음 그림은 PBFT 동작 과정을 나타내고 있습니다. 먼저, PBFT는 다음 4가지 과정이 끝난 후 종료됩니다.

① client는 primary 노드에게 request 메시지를 전송한다.

② primary 노드는 client로부터 수신한 request 메시지를 모든 backup 노드들에게 전송한다.

③ backup 노드들은 pre-prepare, prepare, commit이라 불리는 3-phase 과정을 수행한 후 각자 도출한 결괏값을 client에게 보내준다.

④ client 노드는 $f+1$개의 동일한 응답을 받으면 정상적인 결괏값이 수신됐다고 판단한다.

이때 primary 노드는 비잔틴 장군 문제에서 사령관과 비슷한 역할을 수행하고 backup 노드들은 나머지 장군과 비슷한 역할을 수행합니다. 즉, PBFT는 client가 사령관에게 보내는 request에 대하여 사령관과 장군들이 올바른 합의를 도출한 뒤 client에게 결괏값을 응답해 주는 것과 같은 프로토콜입니다. 그럼, request부터 reply 과정까지 각 단계별로 프로토콜이 어떻게 동작하는지 알아보겠습니다.

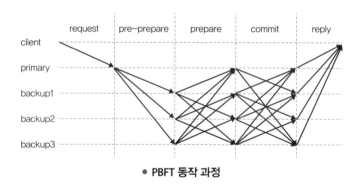

● **PBFT 동작 과정**

먼저, request 단계부터 알아보겠습니다. request 단계에서 client는 primary 노드에게 다음과 같은 **REQUEST** 메시지를 전송합니다. REQUEST 메시지에는 client가 요청한 작업 o와 요청한 시간인 t, client임을 식별할 수 있는 ID c가 포함되어 있습니다. 마지막으로 o, t, c 메시지에 client의 서명을 추가한 뒤 primary 노드에게 전송합니다.

- **<REQUEST, o, t, c>s_c.**

o	client가 요청한 작업
t	타임 스탬프
c	client의 ID
s_c	client의 서명

('< >' 안에 포함된 데이터에 특정 노드가 서명하는 것을 '< >_nodeID'로 표현하겠습니다.)

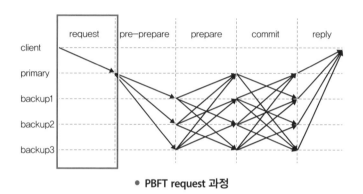

- **PBFT request 과정**

primary 노드가 client로부터 REQUEST 메시지를 수신한 후 primary 노드와 backup 노드들은 PBFT의 3-phase 프로토콜이라 불리는 pre-prepare, prepare, commit 단계를 순서대로 실행하게 됩니다. 각각의 phase를 실행하는 목적이 있는데, pre-preprare 단계는 메시지를 검증하고 sequence number를 부여하는 단계입니다. pre-prepare 단계에서 primary 노드는 다음과 같은 PRE-PREPARE 메시지를 생성합니다. PRE-PREPARE 메시지에는 현재 primary 노드가 누구인지 알 수 있는 v(view number), 몇 번째 REQEUST 메시지인지 알 수 있는 n(sequence number), REQUEST 메시지의 해시값인 d가 포함되어 있습니다. 마지막으로 v, n, d 메시지에 primary의 서명을 추가한 후 클라이언트의 request 메시지 m과 함께 모든 backup 노드로 전송합니다.

- <<PRE-PREPARE, v, n, d>s_p, m>

v	view number(현재 primary 노드 ID)
n	sequence number(메시지 순서 번호)
d	메시지의 해시값(digest)
s_p	client의 서명
m	클라이언트의 request 메시지

PRE-PREPARE 메시지를 받은 backup 노드들은 다음 3가지 항목에 대해서 메시지를 검증합니다. 먼저, 자신이 알고 있는 primary 노드가 보낸 메시지가 맞는지 확인하기 위해 v와 서명을 검증합니다. 정체를 알 수 없는 사령관의 명령을 수행할 수 없듯이 당연히 자신이 모르는 primary 노드로부터 온 메시지를 그대로 실행하면 안 되겠죠? 다음으로, sequence number가 이전에 받았던 PRE-PREPARED 메시지보다 큰 숫자인지 확인합니다. sequence number는 primary가 새로운 PRE-PREPARE 메시지를 생성할 때마다 증가시키는 숫자이기 때문에 이전에 받았던 메시지보다 작은 수로 새로운 PRE-PREPARED 메시지가 생성될 수 없습니다. 다음으로, primary 노드의 서명이 포함된 해시값과 클라이언트의 request 메시지를 비교하여 primary 노드가 client의 request 메시지를 올바르게 전달했는지 확인합니다. m(<REQEUST, o, t, c>s_c)은 client의 서명이 포함되어 있으니 primary의 서명이 포함된 m의 해시값과 비교해 보면 primary가 client의 메시지를 올바르게 전달했는지 알 수 있겠죠?

두 번째 조건을 보면 sequence number가 low water mark인 h와 high water mark인 H 사이에 있는 숫자여야 한다고 명시하고 있습니다. 즉, $h < n < H$가 되어야 하는 것이죠. PBFT에서는 장애 등으로 시스템이 멈췄다가 다시 복귀한 노드는 다른 노드로부터 최신 정보를 업데이트를 받아야만 합니다. 그러기 위해 모든 노드들은 pre-prepare, prepare, commit 메시지를 모두 저장하고 있어야 하는데, 시간이 지날수록 증가하는 메시지 양은 시스템 운영에 부담이 될 수 있습니다. 이러한 문제점을 해결하기 위해 PBFT에서는 **Checkpoint** 기술을 사용합니다. Checkpoint는 H개만큼의 메시지가 쌓이면 H를 새로운 Checkpoint의 시작점인 h로 만들고, 이전의 메시지는 모두 폐기하여

PBFT 합의에는 사용하지 않습니다(폐기된 메시지는 합의에 사용되지는 않지만 백업용으로 따로 보관하면 좋겠죠?). 예를 들면, 100 < n < 200인 체크포인트가 있을 때 메시지의 n값이 199까지 도달한다면 200 < n < 300으로 새로운 Checkpoint를 생성하고, 200보다 작거나 300보다 큰 n값을 가진 메시지는 모두 무시하게 됩니다.

마지막으로, 각각의 backup 노드들은 메시지 순서를 정렬하기 위해 client의 메시지 m에 (v, n) 번호를 부여합니다. 이때 m에 대한 (v, n) 값은 고유한 값이어야 추후 정상적인 메시지 순서 정렬이 가능합니다. 그리하여 backup 노드들은 메시지 m에 부여된 (v, n) 값이 이전에 다른 메시지에 부여된 적이 있는지 확인합니다.

- v, n, d, s_p가 유효한지 확인
- sequence number가 low water mark h와 high water mark H 사이에 있는 숫자인지 확인
- m에 부여된 (v, n) 값이 이전에 다른 메시지 m'에 부여된 적이 있는지 확인

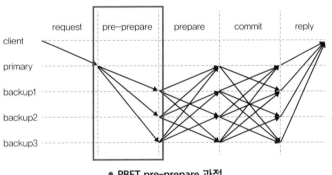

● **PBFT pre-prepare 과정**

pre-prepare 단계가 각각의 메시지를 검증하고 메시지에 (v, n)을 부여하기 위한 단계였다면, prepare 단계는 메시지에 부여한 (v, n)을 노드 간 합의를 통해 결정하는 단계입니다(pre-prepare 단계에서는 (v, n)을 부여하기만 했지 합의해서 결정한 상태는 아닙니다). PRE-PREPARE 메시지를 검증을 끝낸 backup 노드는 prepare 단계로 넘어갑니다. prepare 단계로 넘어간 backup 노드는 다음과 같은 **PREPARE** 메시지를 primary 노드를 포함한

모든 노드에 전달합니다. PREPARE 메시지를 수신한 노드는 v, n, d 값을 pre-prepare 단계에서 자신이 검사한 값과 비교하여 문제가 없는지 확인합니다.

- **(PREPARE, v, n, d, i)s_i**

i	backup 노드 번호

만약 2f개의 정상적인 PREPARE 메시지를 수신하면 해당 노드는 **prepared(m, v, n, i)** 상태가 됨으로써 메시지 정렬을 완료하게 됩니다. 2f개의 메시지를 받는 이유는 f대의 비잔틴 노드가 존재할 때 2f개의 동일한 메시지를 받았다면 해당 메시지의 결과를 신뢰할 수 있기 때문입니다. 예를 들어, 다음 그림을 보면 비잔틴 노드가 하나 있습니다. 그리고 비잔틴 노드가 *2f + 1* 그룹에 속해 있을 경우는 다음 그림과 같이 3가지의 경우가 있습니다. 이때 비잔틴 노드가 잘못된 메시지를 보낸다면 절대 *2f + 1*개의 메시지를 모을 수 없습니다. 그리하여 자기 자신을 포함해 *2f + 1*개의 동일한 메시지를 수집하면 해당 메시지는 신뢰할 수 있는 결과가 됩니다.

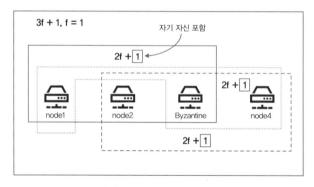

- **2f + 1개의 PREPARE 메시지를 수신한 경우**

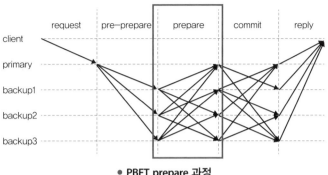

● PBFT prepare 과정

pre-prepare와 prepare가 메시지를 검증하고 정렬하기 위한 단계였다면, commit 단계는 메시지를 실행하기 위한 단계입니다. prepare 단계에서 메시지 정렬을 완료하여 prepared(m, v, n, i) 상태가 된 노드는 최종적으로 client의 메시지를 실행하기 위해 다음과 같은 **COMMIT** 메시지를 primary 노드를 포함한 모든 노드에게 전송합니다. 마찬가지로 prepared(m, v, n, i) 상태가 된 노드로부터 $2f + 1$개의 COMMIT 메시지를 받은 노드는 비로소 client로부터 받은 request 메시지를 실행합니다.

- (COMMIT, v, n, d, i)s_i

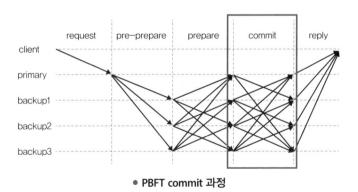

● PBFT commit 과정

마지막으로, commit 단계에서 client의 request 메시지를 실행한 각각의 노드들은 실행 결괏값을 client에게 전송합니다. client는 마지막 단계에서 f개의 비잔틴 노드가 결괏값을 속일 수 없도록 $f + 1$개의 동일한 결괏값을 수신해야만 해당 결괏값은 신뢰할 수 있는 결괏값이라고 판단합니다.

- **(REPLY, v, t, c, i, r)s_i**

c	client ID 번호
r	request 메시지 실행 결과

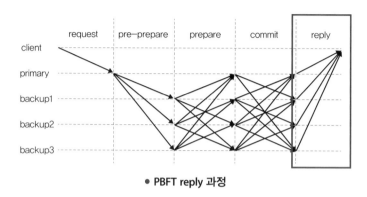

- **PBFT reply 과정**

지금까지 PBFT가 정상적으로 동작하는 상황인 Normal operation에 대해서 알아보았습니다. PBFT는 primary가 client로부터 request 메시지를 받아 다른 backup 노드들에게 전달하는 구조이기 때문에 primary 노드에 장애가 발생한다면 큰 문제가 될 수 있습니다. 이러한 장애 상황에 대비하기 위해 PBFT에는 **view change** 프로토콜이 존재합니다. backup 노드들은 일정 시간 primary 노드로부터 메시지를 받지 못하거나 잘못된 메시지를 수신한다면 다음과 같은 VIEW-CHANGE 메시지를 다른 노드에게 전달합니다. v + 1은 새로운 primary 노드로 선출되는 backup 노드의 ID입니다. 그리고 n은 자신이 알고 있는 가장 최신 Checkpoint의 sequence number입니다(현재 Checkpoint의 low water mark와 같습니다). C는 Checkpoint가 n으로 합의되기 위해 생성된 *2f + 1*개의 (CHECKPOINT, n, d, i)s_i 메시지의 집합을 의미합니다. 마지막으로, P는 Checkpoint n보다 큰 sequence number를 가진 prepared 메시지의 집합입니다. VIEW-CHANGE 메시지를 통해 현재 자신의 Checkpoint 버전과 자신의 prepared 메시지가 올바르다는 것을 다른 노드에게 증명할 수 있습니다.

- **(VIEW-CHANGE, v + 1, n, C, P, i)s_i**

v + 1	새로운 primary 노드가 될 backup 노드 ID
n	가장 최신 버전의 Checkpoint sequence number
C	n이 Checkpoint로 합의된 2f + 1개의 메시지 집합
P	n보다 큰 sequence number를 가진 prepared 메시지 집합

VIEW-CHANGE 메시지가 올바르다고 판단한 노드는 새로운 primary 노드 후보에게 view-change-ack 메시지를 전송합니다.

다른 노드로부터 *2f - 1*개의 VIEW-CHANGE 메시지를 수신받은 새로운 primary 노드 후보는 다음과 같은 NEW-VIEW 메시지를 다른 노드들에게 전송합니다.

- **(NEW-VIEW, v + 1, V, O)s_p**

V	2f개의 VIEW-CHANGE 메시지 집합
O	PRE-PREPARE 메시지 집합

V는 2f개의 VIEW-CHANGE 메시지의 집합입니다. NEW-VIEW 메시지를 수신한 다른 노드들은 V를 확인하여 해당 노드가 새로운 primary 노드가 맞는지 확인할 수 있습니다. O는 노드 간에 서로 다른 Checkpoint를 가진 경우 Checkpoint를 최신 버전으로 동기화하기 위한 목적의 PRE-PREPARE 메시지의 집합입니다. PBFT는 비동기 네트워크에서 동작하기 때문에 모든 노드의 상태가 동일할 수 없습니다. 일부 노드의 경우 최신 상태의 Checkpoint를 반영하지 못했을 수도 있죠. 이러한 경우, O를 통해 새로운 Primary가 최신 버전의 Checkpoint를 어떻게 반영하는지 알아보겠습니다. 다음 표는 VIEW-CHANGE 메시지를 수신한 노드들의 현재 상태이며, 2번 노드가 새로운 primary 노드 후보라고 가정하겠습니다. 비동기 네트워크의 지연 등의 문제로 primary 후보 노드는 아직 최신 버전의 Checkpoint를 업데이트하지 못했습니다. 다음 표를 보면 다른 노드가 보낸 P에는 sequence number가 201까지인 prepared 메시지가 들어 있는 반면, primary 노드 후보의 P에는 sequence number가 190까지의 prepared 메시지만 가지고 있습니다. 이러한 경우 primary 노드 후보는 자신이 보유한 1~190번 PRE-

PREPARE 메시지를 집합 O에 채워 넣고, 누락된 191~201번 PRE-PREPARE 메시지에는 메시지 해시값 대신 null 해시값을 사용해 집합 O를 채워 넣는 방식으로 최신 버전의 Checkpoint를 업데이트합니다. NEW-VIEW 메시지를 받은 다른 노드들은 O 데이터가 유효한지 확인한 후 유효하다면 primary 노드 후보를 새로운 primary로 인정합니다.

● **primary 노드가 최신 버전의 Checkpoint를 반영하지 못한 경우**

노드 ID	최신 버전의 Checkpoint	P의 마지막 sequence number
2(v + 1)	100	190
3(v + 2)	200	201
4(v + 3)	200	201

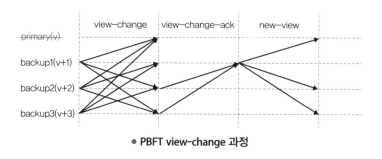

● **PBFT view-change 과정**

RBFT

비동기 네트워크 환경에서도 합의할 수 있는 PBFT 알고리즘이 개발되었지만 여전히 현실 세계에 적용하기에는 많은 문제점이 있었는데, 가장 큰 문제 중 하나는 시스템 안정성(Robustness)이었습니다. PBFT는 앞서 본 것처럼 primary 노드에 굉장히 의존하는 알고리즘입니다. 만약 primary 노드에 장애가 발생하거나, 혹은 primary 노드에 의한 악의적인 행위를 감지했을 때 view-change 프로토콜을 통해 primary 노드를 변경해 줘야 하는데, primary 변경 과정에서 성능이 최대 99%까지 떨어지는 경우도 발생합니다. 이번 절에서 살펴볼 **RBFT(Redundant Byzantine Fault Tolerance)** 합의 알고리즘의 논문에 따르면 3가지 PBFT 계열의 알고리즘 안정성을 비교해 본 결과, view-change 발생 시 약

78%~99%의 성능 저하가 발생했다고 합니다. RBFT는 기존 PBFT 계열의 합의 알고리즘에서 발생하는 view-change 실행 시 성능 저하 문제를 해결하기 위해 개발된 합의 알고리즘입니다. 그리고 이번 절에서 RBFT를 배우는 가장 중요한 이유는 바로 RBFT가 indy-node에서 사용하는 합의 알고리즘이기 때문입니다. 그럼, 지금부터 RBFT가 어떻게 동작하는지 알아보겠습니다.

다음 그림은 RBFT의 노드 구성에 대한 개념도를 나타냅니다. RBFT를 구성하는 노드는 $f+1$개의 프로토콜 인스턴스를 구동하여 $f+1$개의 동일한 합의 과정을 진행합니다. 프로토콜 인스턴스란 합의 과정을 수행하는 하나의 집합이고, RBFT에는 총 $f+1$개의 프로토콜 인스턴스가 $f+1$개의 합의를 수행하고 있는 것입니다. 각 프로토콜 인스턴스마다 primary 노드가 하나씩 존재하고 primary 노드를 중심으로 합의를 진행합니다. 이때 Clients의 메시지를 실행하여 결과를 기록하는 권한은 **마스터 프로토콜 인스턴스**(Master protocol instance)가 가지고 있고, 나머지 **백업 프로토콜 인스턴스**(Backup protocol instance)들은 추후 view-change 과정을 위한 인스턴스로 대기하게 됩니다.

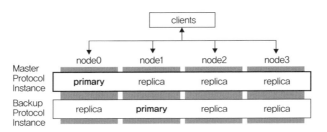

● **RBFT 노드 구성 개념도**(※출처: Redundant Byzantine Fault Tolerance, RBFT)

다음 그림은 RBFT 알고리즘의 동작 과정을 보여 줍니다. 클라이언트는 모든 노드에게 request 메시지를 전송하고, request 메시지를 수신한 노드는 자신을 제외한 모든 노드에게 다시 전송합니다. 이후 $f+1$개의 각각의 프로토콜 인스턴스는 PBFT와 유사한 pre-prepare, prepare, commit으로 구성된 3-phase 과정을 실행합니다. 3-phase 실행을 모두 마친 각각의 프로토콜 인스턴스의 primary 노드는 실행 결괏값을 client에게 전송하고, client는 모든 프로토콜 인스턴스로부터 동일한 결괏값을 수신하면 해당 결괏값은 신뢰할 수 있다고 판단합니다. 이때 client request 메시지에 대한 실행 결괏값을 기록할 수 있는 것은 오직 마스터 인스턴스 프로토콜뿐입니다.

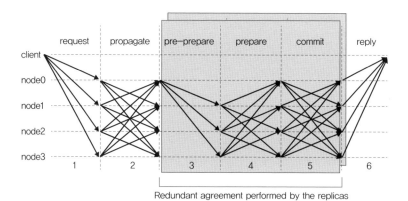

● **RBFT 동작 과정**(※출처: Redundant Byzantine Fault Tolerance, RBFT)

백업 인스턴스 프로토콜은 마스터 프로토콜 인스턴스의 메시지 처리 속도, 지연 시간 등을 주기적으로 모니터링합니다. 그리고 만약 일정 수준 이하의 성능이 나오거나, 마스터 프로토콜 인스턴스로부터 잘못된 메시지를 수신하게 되면 INSTANCE_CHANGE 과정을 통해 마스터 프로토콜 인스턴스를 변경합니다. RBFT가 Prim, Aardvark, Spinning 등 다른 PBFT 계열의 알고리즘과 다른 점은 바로 장애 복구 방식에 있습니다. 대부분의 PBFT 계열 알고리즘은 primary 노드에 대해서만 장애나 악의적인 행위를 모니터링합니다. 하지만, 논문의 주장에 따르면 PBFT 계열 알고리즘 구동 과정에서 primary 노드 하나의 성능을 신뢰성 있게 측정하는 것은 매우 어렵다고 합니다. 왜냐하면 3단계에 걸친 합의 과정에서 성능이 저하되거나 장애가 발생했을 때 backup 노드들 중 하나의 문제인지, primary 노드의 문제인지 명확하게 구분하기 어렵기 때문입니다. 그리하여 RBFT 논문에서는 노드(primary)를 모니터링하는 것이 아닌, RBFT 프로토콜을 f + 1개의 독립적인 프로토콜 인스턴스에 각각 구동한 후 마스터 프로토콜 인스턴스의 결괏값을 측정하는 방식으로 모니터링합니다. 모든 과정이 끝난 결과에 대한 성능을 측정하는 것이 primary 노드 하나만을 측정하는 것보다 더욱 신뢰성 있는 결과라고 판단하는 것이죠. 결과적으로 RBFT 논문 주장에 따르면 RBFT 프로토콜을 사용할 때 장애가 발생한 경우 3%의 성능 저하만 있었다고 합니다.

RBFT에도 여러 문제점이 있습니다. 예를 들어, $f+1$개의 합의 프로토콜 인스턴스를 구동하는 것이 시스템에 큰 부하를 줄 수가 있습니다. 또한, 테스트 결과도 3%라고 하였는데, 해당 결과는 비잔틴 노드의 수 f가 1과 2인 경우에만 측정한 결괏값이라 신뢰할 수 있는 결괏값이라고 말하기는 조금 어렵습니다.

Aardvark

앞서 잠시 언급한 것처럼 RBFT에도 시스템 부하에 의한 성능과 확장성 문제 등이 존재합니다. 그리하여 최근 Hyperledger Indy 개발 커뮤니티에서는 블록체인 합의를 위해 RBFT 알고리즘을 사용하는 대신 **Aardvark** 알고리즘을 사용하는 것을 고려하고 있습니다. 이번 절에서는 Aardvark 알고리즘에 관해서 간단하게 설명하겠습니다.

Aardvark 또한, PBFT 계열의 합의 알고리즘입니다. Aardvark에서는 primary에 의한 성능 저하를 방지하기 위해 주기적으로 primary 노드를 변경합니다. 주기적으로 primary 노드를 변경함으로써 악의적인 primary가 있더라도 해당 primary 노드가 일정 시간 이상 시스템을 방해하지 못하도록 제한할 수 있습니다. 또한, primary가 되기 위해서는 일정 수준 이상의 성능을 보여 줘야 하기 때문에 성능이 떨어지는 노드가 primary 노드가 되어 프로토콜 전체 성능에 악영향을 미치는 것을 방지할 수 있습니다. 마지막으로, Aardvark를 사용하게 되면 복수 개의 프로토콜 인스턴스를 구동하는 RBFT와 달리 하나의 프로토콜 인스턴스만 구동하기 때문에 노드가 가지는 시스템 부하는 줄어들게 됩니다.

RBFT와 Aardvark 모두 장단점이 뚜렷한 합의 알고리즘인데, 추후 indy-node 개발자들이 어떤 합의 알고리즘을 최종적으로 선택하는지는 조금 더 지켜봐야 할 것 같습니다(하이퍼레저 인디의 분기별 개발 진행 상황을 봤을 때 Aardvark로 대체될 가능성이 상당히 높아 보입니다).

6.1.2 블록체인 원장

앞 절에서는 블록체인 원장에 기록되는 내용을 합의하기 위한 합의 알고리즘에 대해서 배웠습니다. 이번 절에서는 indy-node가 관리하는 각각의 블록체인 원장의 역할에 대해서 알아보겠습니다.

다음 그림과 같이 indy-node 블록체인 노드는 **Domain ledger, Config ledger, Pool ledger, Audit ledger**라 불리는 4가지 종류의 원장을 관리합니다. 각각의 원장은 RocksDB 기반의 key-value 데이터베이스로 개발됐고, 다음 2가지 데이터를 블록체인 원장을 통해 관리합니다.

- 순서대로 정렬된 트랜잭션(Ordered log of transactions)
- 머클 트리(Merkle tree)

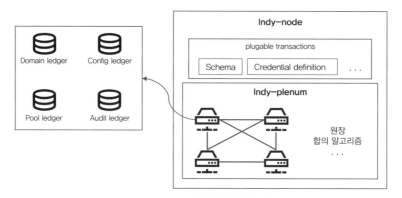

● **indy-node 블록체인 원장 종류**

indy-node 블록체인은 일반적인 블록체인과 달리 블록에 대한 합의를 수행하지 않고 트랜잭션에 대한 합의를 수행합니다. 그리하여 블록체인에는 데이터가 블록 단위가 아닌 트랜잭션 단위로 저장돼 있습니다.

블록체인에는 수많은 트랜잭션이 저장되는데, 트랜잭션 검증이나 확인을 위해서는 그 가운데서 원하는 트랜잭션을 빠르게 찾을 수 있어야 합니다. indy-node에서는 트랜잭션을 신뢰성 있게 관리하고 효율적으로 검색하기 위해 **머클트리(Merkle tree)** 구조를 사용합니다. 머클트리는 다음 그림과 같이 트랜잭션 쌍을 해시한 결괏값으로 생성한 이 진트리(binary tree)입니다. 이러한 구조를 사용하면 특정 트랜잭션이 존재하는지 확인하기 위해 모든 데이터베이스를 검색하는 대신, log2(트랜잭션 양)의 복잡도로 원하는 트랜잭션을 찾을 수 있습니다.

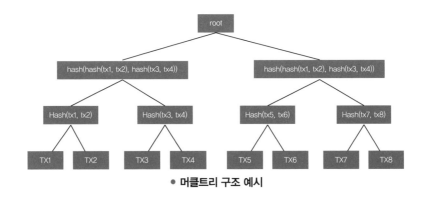

● **머클트리 구조 예시**

데이터에 변경사항이 발생하면 머클트리는 변경된 부분과 관련된 트리의 해시값을 매번 재계산해야만 합니다. 신원증명 데이터로는 DID document와 같이 수시로 변경될 수 있는 데이터가 존재하는데, 변경되는 데이터는 현재 상태에 즉각 반영돼야 합니다. 이처럼 수시로 변경되는 현재 상태를 관리하기 위해 머클트리를 사용하는 것은 비효율적입니다. 그리하여 indy-node에서는 자주 변경되는 현재 상태는, 이더리움의 상태 관리에 사용되는 것과 유사한 **머클 패트리샤 트리(Merkle Patricia Trie)**를 사용합니다.

> **NOTE**
>
> 머클 패트리샤 트리는 제이펍에서 무료로 배포한 전자책 《코어 이더리움 프로그래밍》 71~79 쪽에서 자세한 내용을 확인할 수 있습니다.

Domain Ledger

다음 그림은 indy-node에서 관리하는 4가지 원장 중 하나인 Domain ledger가 관리하는 데이터를 보여 줍니다. Domain ledger에는 사용자가 신원증명에 사용하는 데이터가 저장되어 있습니다.

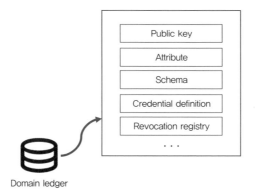

- **Domain ledger에 저장되는 데이터 종류 예제**

다음 그림과 같이 Hyperledger Indy는 DID document를 JSON 형태로 보관하지 않고, Public key와 serviceEndpoint 등의 DID document 구성요소를 각각 따로 저장합니다. 그리고 DID resolver가 사용자와 indy-node 사이에 위치하여 Public key나 serviceEndpoint 등의 데이터를 취합하여 사용자가 원하는 DID document 형태로 반환하는 구조입니다.

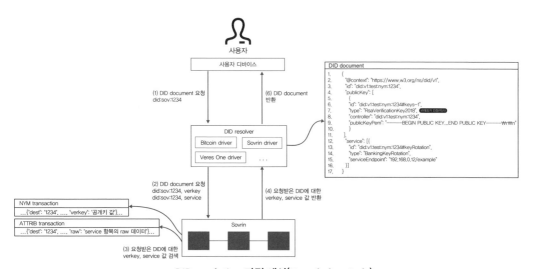

- **DID resolution 과정 예시(Hyperledger Indy)**

indy-node에는 **Schema**와 **Credential definition**이라는 데이터도 저장되어 있습니다. 아래 예제와 같이 Schema는 신원증명 양식 중 사용자 속성에 대한 항목을 정의한 데이터입니다. 그리고 Credential definition은 신원증명에 어떤 Schema가 사용됐는지, 어떤 용도로 사용될 수 있는지 추측할 수 있는 tag, 어떤 서명 기법을 사용하여 신원증명을 발행할지 나타내는 type, 그리고 신원증명 폐기 관련 정보가 포함된 config 항목이 있습니다. 신원증명 발행인은 Schema가 포함된 Credential definition에 사용자의 ID 속성값을 채운 뒤 사용자에게 신원증명을 발행합니다.

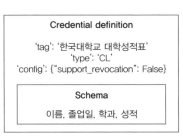

• **Schema 및 Credential definition로 구성된 신원증명 양식 예제**

앞서 VC 폐기장에서 설명했듯이 **Revocation registry**에는 신원증명이 폐기됐는지 여부를 확인할 수 있는 Accumulator, Witness, Tails file의 URL 등의 데이터가 저장되어 있습니다.

Domain ledger에는 NYM, ATTRIBN, SCHEMA, CLAIM_DEF, REVOC_REG_DEF 등의 트랜잭션이 존재합니다. 지금부터 Domain ledger에 저장되는 몇 가지 트랜잭션 예제를 간단히 알아보겠습니다. 다음은 Domain ledger에 저장되는 **NYM 트랜잭션** 예제입니다. NYM 트랜잭션은 사용자의 DID document 관련 정보와 사용자를 어떤 권한을 가진 그룹으로 분류하는지에 대한 정보가 담겨 있습니다. 7~12번째 줄에는 NYM 트랜잭션에 대한 실질적인 데이터가 들어가는데, 9번째 줄 dest 항목에는 새롭게 등록할 DID가 들어갑니다. 10번째 줄의 verkey 항목은 dest 항목의 DID가 사용할 공개키가 들어가고, 11번째 줄의 role은 새롭게 등록할 DID를 어떤 권한을 가진 그룹에 분류할지 결정하는 항목입니다. Hyperledger Indy에서는 사용자를 다음 5가지 그룹 중 하나로 분류합니다. 각 그룹의 역할은 다음 절에서 좀 더 자세히 설명하겠습니다.

- None: common USER

- 0: TRUSTEE

- 2: STEWARD

- 101: ENDORSER

- 201: NETWORK_MONITOR

만약 dest 항목의 DID가 블록체인에 이미 저장되어 있다면 해당 NYM 트랜잭션은 기존에 저장되어 있는 DID 정보를 변경하는 것으로 간주하고, dest 항목의 DID가 블록체인에 없는 새로운 DID라면 신규 사용자를 등록하는 DID로 간주합니다.

● NYM 트랜잭션 예제(※출처: Hyperledger Indy Node Documantation)

```
1   {
2       "ver": 1,
3       "txn": {
4           "type":"1",
5           "protocolVersion":2,
6
7           "data": {
8               "ver": 1,
9               "dest": "GEzcdDLhCpGCYRHW82kjHd",
10              "verkey": "~HmUWn928bnFT6Ephf65YXv",
11              "role": 101
12          },
13
14          "metadata": {
15              "reqId": 1513945121191691,
16              "from": "L5AD5g65TDQr1PPHHRoiGf",
17              "digest": "4ba05d...2784d8e311d27b9090d9453",
18              "payloadDigest": "21f0f5c158ed6ad49ff...05685",
19              "taaAcceptance": {
20                  "taaDigest": "6sh15d9b2c2...5d7008e311d27b9090d9453",
21                  "mechanism": "EULA",
22                  "time": 1513942017
23              }
24          },
25      },
26      "txnMetadata": {
27          "txnTime": 1513945121,
```

```
28          "seqNo": 10,
29          "txnId": "N22KY2Dyvmuu2PyyqSFKue|01"
30       },
31       "reqSignature": {
32          "type": "ED25519",
33          "values": [{
34             "from": "L5AD5g65TDQr1PPHHRoiGf",
35             "value": "4X3...JpL8JHdQ8FM4jjyDgd"
36          }]
37       }
38
39    }
```

다음은 Domain ledger에 저장되는 또다른 트랜잭션인 **SCHEMA 트랜잭션** 예제입니다. SCHEMA 트랜잭션에는 사용자 속성에 대한 항목이 정의되어 있습니다. 10번째 줄을 보면 이름, 생년월일, 대학명, 학과, 성적, 만료일 양식이 정의되어 있습니다. 대학에서 성적증명서 VC를 발행하고자 한다면 다음 SCHEMA를 가져와서 사용자에 대한 속성을 양식에 맞게 채운 후 사용자에게 성적증명서를 발급할 수 있습니다.

Domain ledger뿐만 아니라 모든 원장의 트랜잭션이 가지는 기본적인 구조가 있습니다. 4번째 줄의 type 항목에는 해당 트랜잭션이 어떤 트랜잭션인지 나타냅니다. 예를 들어, 아래 예제와 같이 **type** 항목에 101이 들어가 있으면 SCHEMA 트랜잭션으로 간주하고, 1이 들어가 있으면 NYM 트랜잭션으로 간주합니다(type에 대한 정보는 indy-node 공식 문서에서 확인할 수 있습니다). 7번째 줄의 **data** 항목에는 트랜잭션 타입에 적합한 데이터가 들어갑니다. 예를 들어, NYM 트랜잭션이라면 DID 관련 정보가 들어갈 것이고, SCHEMA 트랜잭션이라면 신원증명에 사용할 양식 데이터가 들어갑니다. 16번째 줄의 **metadata** 항목에는 트랜잭션 생성자에 대한 데이터가 들어가 있고, 29번째 줄의 **txnMetadata**에는 트랜잭션에 대한 데이터가 들어가 있으며, 34번째 줄의 **reqSignature** 항목에는 트랜잭션 생성자를 검증할 수 있는 서명이 포함되어 있습니다.

● **SCHEMA 트랜잭션 예제**(※출처: Hyperledger Indy Node Documantation)

```
1    {
2       "ver": 1,
3       "txn": {
```

```
 4          "type":101,
 5          "protocolVersion":2,
 6
 7          "data": {
 8              "ver":1,
 9              "data": {
10                  "attr_names": ["last_name","first_name","birth_date",
    "college_name","department","gpa","expiry_date"],
11                  "name":"Degree",
12                  "version":"1.0"
13              }
14          },
15
16          "metadata": {
17              "reqId":1513945121191691,
18              "from":"L5AD5g65TDQr1PPHHRoiGf",
19              "endorser": "D6HG5g65TDQr1PPHHRoiGf",
20              "digest": "4ba05d9b2...b411d27b9090d9453",
21              "payloadDigest": "21f0f5c...0106cd905685",
22              "taaAcceptance": {
23                  "taaDigest": "6sh15d9b2c27e...b9090d9453",
24                  "mechanism": "EULA",
25                  "time": 1513942017
26              }
27          }
28      },
29      "txnMetadata": {
30          "txnTime":1513945121,
31          "seqNo": 10,
32          "txnId":"L5AD5g65TDQr1PPHHRoiGf1|Degree|1.0"
33      },
34      "reqSignature": {
35          "type": "ED25519",
36          "values": [{
37              "from": "L5AD5g65TDQr1PPHHRoiGf",
38              "value": "4X3skpoEK2DRgZx...9PwuEvCJp4jjyDgd"
39          }]
40      }
41
42 }
```

Config Ledger

Config ledger를 통해 사용자의 접근 권한을 지정할 수 있습니다. Hyperledger Indy는 Public Permissioned 블록체인 구조여서 누구나 블록체인에 접근할 수 있지만, 불록체인에 기록하는 것은 허가된 사용자만이 할 수 있습니다. Hyperledger Indy에서 사용자 그룹은 USER, TRUSTEE, STEWARD, ENDORSER, NETWORK_MONITOR라는 5가지 그룹으로 분류되는데, 어떤 그룹이 얼마큼의 권한을 가지고 블록체인을 사용할 수 있는지는 Auth rule에 그 정보가 저장되어 있습니다. 가장 많은 권한을 가진 그룹을 순서대로 나열하면 다음과 같습니다.

- TRUSTEE > STEWARD > ENDORSER > NETWORK_MONITOR > USER

각각의 권한에 대해 간단하게 설명하겠습니다. TRUSTEE 그룹은 indy-node 블록체인을 구동한 최초의 구성원들로 구성된 그룹이며, 블록체인 운영에 관한 모든 권한을 가지고 있습니다. STEWARD은 TRUSTEE 그룹의 허가하에 블록체인 노드 운영 권한을 가진 그룹이며, ENDORSER은 블록체인에 트랜잭션을 쓸 수 있는 권한을 가진 그룹입니다. 블록체인 노드의 장애 여부나 성능을 모니터링하는 NETWORK_MONITOR 그룹도 있습니다. 마지막으로, USER 그룹은 indy-node 블록체인에 직접적으로 참여하지 않는 일반 사용자로서 블록체인의 데이터를 읽어 오는 권한만 가지고 있습니다. 좀 더 자세한 권한 설정 내용은 indy-node에서 제공하는 공식 문서의 Default AUTH_MAP Rules를 통해 확인할 수 있습니다.

Config ledger에는 블록체인 네트워크에 대한 다양한 설정 정보도 저장되어 있습니다. 예를 들어, Node upgrade에는 블록체인 노드 시스템이 언제, 어떻게 업그레이드됐는지, 해당 업그레이드가 성공했는지 실패했는지 등의 데이터가 저장되어 있습니다. Pool upgrade의 경우엔 하나의 네트워크가 아닌 블록체인을 구성하는 전체 네트워크에 대한 시스템 업그레이드 정보가 기록되어 있습니다.

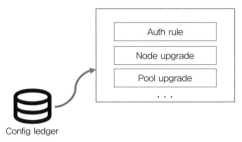

● **Config ledger에 저장되는 데이터 종류 예제**

다음은 Config ledger에 저장되는 **AUTH_RULE 트랜잭션** 예제입니다. AUTH_RULE 트랜잭션을 통해 Default AUTH_MAP Rules에 정의된 것과 같이 사용자 그룹의 권한을 설정할 수 있습니다. 다음 예제는 블록체인 노드의 Validator 역할을 파면할 수 있는 권한이 정의된 AUTH_RULE 트랜잭션입니다. 노드의 역할은 다음 절에서 다룰 Pool ledger의 NODE 트랜잭션 내 위치한 service 항목에 명시되어 있는데, 아래 4~6번째 줄은 NODE 트랜잭션의 service 항목을 VALIDATOR에서 []로 변경하는 것을 의미합니다. 만약 service 항목에 아무런 값이 들어가지 않는다면 해당 노드는 아무런 역할도 수행할 수 없다는 것을 의미합니다. 7~22번째 줄에는 4~6번째 명시된 작업을 실행하기 위한 권한이 정의되어 있습니다. 9~20번째 줄의 auth_constraints에는 TRUSTEE('role': 0)와 STEWARD('role': 2)가 권한을 실행할 때 필요한 서명 수 등의 조건이 명시되어 있고, 8번째 줄의 constraint_id 항목에는 auth_constraint에 명시된 두 노드 중 하나의 노드만 필요하다고 명시한 논리연산자 OR이 명시되어 있습니다. 즉, 요약하자면 아래 AUTH_RULE에 정의된 조건은 다음과 같습니다.

· VALIDATOR 역할을 박탈하기 위한 조건: '1 TRUSTEE OR 1 owner STEWARD'

이러한 권한 설정은 AUTH_RULE 트랜잭션에 의해 언제든지 바뀔 수 있습니다.

● **AUTH_RULE 트랜잭션 예제(※출처: Hyperledger Indy Node Documantation)**

```
     ...
1    'data':{
2          'auth_type': '0',
3          'auth_action': 'EDIT',
```

```
4              'field' :'services',
5              'old_value': [VALIDATOR],
6              'new_value': []
7              'constraint':{
8                   'constraint_id': 'OR',
9                   'auth_constraints': [{'constraint_id': 'ROLE',
10                                          'role': '0',
11                                          'sig_count': 1,
12                                          'need_to_be_owner': False,
13                                          'metadata': {}},
14
15                                         {'constraint_id': 'ROLE',
16                                          'role': '2',
17                                          'sig_count': 1,
18                                          'need_to_be_owner': True,
19                                          'metadata': {}}
20                                         ]
21              },
22          },
    ...
```

POOL_UPGRADE 트랜잭션을 통해 블록체인 네트워크를 업그레이드할 수도 있습니다. 6번째 줄의 schedule 항목에는 블록체인 네트워크에 속한 노드 중 업그레이드가 되는 노드의 DID와 업그레이드가 시작되는 시간이 명시되어 있습니다. 이 밖에도 업그레이드의 명칭과 버전, 설치 방법 등에 대한 메타데이터가 POOL_UPGRADE 트랜잭션에 포함되어 있습니다. POOL_UPGRADE 트랜잭션 생성은 가장 높은 권한을 가진 TRUSTEE 그룹만 가능합니다.

● **POOL_UPGRADE 트랜잭션 예제**(※출처: Hyperledger Indy Node Documantation)

```
    ...
1  "data": {
2              "ver":1,
3              "name":"upgrade-13",
4              "action":"start",
5              "version":"1.3",
6              "schedule":{"4yC546FFzorLPgTNTc6V43DnpFrR8uHvtunBxb2Su
    aa2":"2017-12-25T10:25:58.271857+00:00","AtDfpKFe1RPgcr5nnYBw1Wxkgyn8Zjy
    h5MzFoEUTeoV3":"2017-12-25T10:26:16.271857+00:00","DG5M4zFm33Shrhjj6JB7n
    mx9BoNJUq219UXDfvwBDPe2":"2017-12-25T10:26:25.271857+00:00","JpYerf4CssD
    rH76z7jyQPJLnZ1vwYgvKbvcp16AB5RQ":"2017-12-25T10:26:07.271857+00:00"},
```

```
 7              "sha256":"db34a72a90d026dae49c3b3f0436c8d3963476c77468ad9558
   45a1ccf7b03f55",
 8              "force":false,
 9              "reinstall":false,
10              "timeout":1,
11              "justification":null
12          },
   ...
```

Pool Ledger

Pool ledger에는 블록체인 네트워크를 구성하는 노드의 ip/port 정보 등이 포함되어 있습니다. 처음 블록체인을 구동할 때 사용하는 Genesis transaction에 최초의 블록체인 노드 정보가 포함되어 있습니다. 이후 Pool ledger에 NODE 트랜잭션을 전송하여 기존 노드를 삭제하거나 노드의 ip/port 정보 등을 변경할 수 있고, 아니면 새로운 노드를 추가하는 작업도 수행할 수 있습니다.

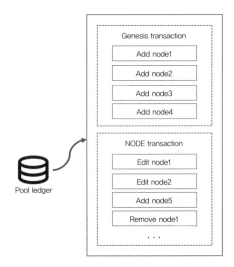

● **Pool ledger에 저장되는 데이터 종류 예제**

아래는 Pool ledger에 저장되는 NODE 트랜잭션 예제입니다. 만약 Pool ledger에 11번째 줄 dest 항목과 동일한 DID가 존재한다면 해당 트랜잭션은 기존 노드 정보를 수정하는 트랜잭션이 되고, DID가 존재하지 않는다면 새로운 노드를 추가하는 트랜잭션이

됩니다. 3~9번째 줄에는 추가 혹은 변경할 노드의 ip/port 정보, 역할, 인증키 등의 정보가 포함되어 있습니다.

● **NODE 트랜잭션 예제**(※출처: Hyperledger Indy Node Documantation)

```
   ...
1  "data": {
2          "data": {
3              "alias":"Delta",
4              "blskey":"4kkk7y7NQVzc...GSWbiWwmPZuiqgbSdSmweqc",
5              "client_ip":"127.0.0.1",
6              "client_port":7407,
7              "node_ip":"127.0.0.1",
8              "node_port":7406,
9              "services":["VALIDATOR"]
10         },
11         "dest":"4yC546FFzorLPgTNTc6V43DnpFrR8uHvtunBxb2Suaa2"
12     },
   ...
```

Audit Ledger

Audit ledger는 다음 그림과 같이 다른 세 개의 원장에서 발생하는 트랜잭션을 모두 순서대로 취합하여 저장합니다. 이번 절에서는 Audit ledger를 사용하는 이유를 간단하게 짚고 넘어가겠습니다. 아래는 Audit ledger에서 제공하는 기능입니다.

· 서로 다른 원장 간의 동기화
· 새로 추가되거나 장애로부터 복구된 노드 업데이트

각각의 원장에 저장된 트랜잭션은 독립적인 트랜잭션이 아니라 서로에게 의존성이 있는 트랜잭션입니다. 예를 들어, NYM 트랜잭션을 통해 Domain ledger에 새로운 노드를 등록하거나 기존 노드를 수정하기 위해서는 해당 작업을 할 수 있는 권한이 Config ledger의 AUTH_RULE에 정의돼 있어야만 합니다. 또한, 이러한 작업을 올바르게 검증하고 처리하기 위해서는 원장 간의 동기화가 필요한데, Audit ledger는 다음 그림과 같이 모든 트랜잭션에 대한 순서를 정렬한 뒤 동기화가 필요한 원장에게 동기화 정보를 제공해 줍니다.

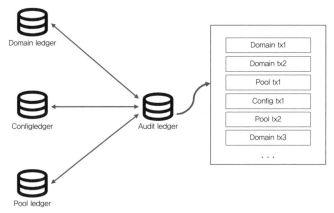

● **Audit ledger에 저장되는 데이터 종류 예제**

Hyperledger indy-sdk

이번 절에서는 indy-sdk에 DID 및 VC 관련 기능들이 실제 플랫폼에서 어떻게 구현되는지 알아보겠습니다. 먼저, SSI 기능 개발에 필수적인 몇 가지 기능에 관한 API 동작 과정을 Sequential diagram을 이용해서 알아본 후, indy-sdk에서 제공하는 샘플 코드를 분석해 보겠습니다.

6.2.1 DID 및 DID document 생성

다음 그림은 DID 및 DID document 생성을 위한 API 동작 과정을 나타낸 Sequential diagram입니다. 먼저, 사용자는 create_wallet API를 이용하여 DID, VC, 인증키 등을 보관할 지갑을 생성합니다. create_wallet API에는 config와 credentials라는 2가지 매개변수가 있습니다. config에는 지갑을 식별할 수 있는 지갑 id, 지갑 데이터 저장소를 정의하는 storage_type, 그리고 storage config 관련 정보가 JSON 데이터로 입력됩니다. credentials에는 지갑에 접근하기 위한 인증키 혹은 비밀번호가 입력되고, 키 생성 방법과 키를 저장하는 저장소 등의 정보 또한 JSON 데이터로 입력됩니다.

지갑 생성을 마친 사용자는 open_wallet API를 통해 자신이 소유한 지갑을 실행한 후 create_and_store_my_did를 통해 DID와 DID document에 들어갈 인증키를 생성하여 지갑에 저장합니다. create_and_store_my_did API에는 wallet_handle과 did_json이라는 두 개의 매개변수가 있습니다. wallet handle에는 DID를 저장할 지갑의 id가 입력되고, did_json 매개변수에는 DID 생성 방법 등을 명시한 JSON 데이터가 포함되어 있습니다. DID 생성 방법은 먼저 비대칭키 쌍을 생성한 후 비대칭키 중 공개키의 첫 16바이트를 DID의 method-specific identifier로 사용할 수 있습니다(DID 생성 방법은 여러 가지가 있는데, 자세한 내용은 https://docs.rs/indy/1.6.8-dev-881/indyrs/did/fn.create_and_store_my_did.html 문서 혹은 코드를 통해 확인할 수 있습니다).

다음으로, 사용자는 build_nym_request API를 이용해 블록체인에 DID를 등록하기 위한 NYM 트랜잭션을 생성합니다. 매개변수로는 트랜잭션 생성자의 DID, 블록체인에 등록할 DID와 공개키, 등록할 DID가 소속될 그룹 정보 등이 입력됩니다.

NYM 트랜잭션 생성까지 마쳤으면 마지막으로, sign_and_submit_request API를 통해 생성한 NYM 트랜잭션을 indy-node로 전송합니다. 매개변수로는 어떤 블록체인 네트워크에 생성할지 명시한 pool_handle, 트랜잭션 생성자 DID와 트랜잭션에 서명하기 위한 인증키가 저장된 지갑 id, 그리고 indy-node로 전송할 NYM 트랜잭션이 포함됩니다. indy-node는 NYM 트랜잭션 등록에 대한 작업 결과를 반환함으로써 DID 및 DID document 생성 과정을 끝내게 됩니다.

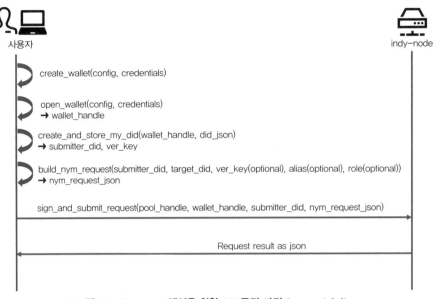

사용자   indy-node

create_wallet(config, credentials)

open_wallet(config, credentials)
→ wallet_handle

create_and_store_my_did(wallet_handle, did_json)
→ submitter_did, ver_key

build_nym_request(submitter_did, target_did, ver_key(optional), alias(optional), role(optional))
→ nym_request_json

sign_and_submit_request(pool_handle, wallet_handle, submitter_did, nym_request_json)

Request result as json

● **DID 및 DID document 생성을 위한 API 동작 과정 Sequential diagram**

6.2.2 DID document 업데이트

다음 그림은 블록체인에 저장된 DID document의 인증키를 변경하고 serviceEndpoint를 추가하기 위한 API 동작 과정을 나타낸 Sequential diagram입니다.

먼저, 사용자는 업데이트할 DID 정보가 저장된 지갑을 실행합니다. 이후 replace_keys_start API를 통해 지갑 내 존재하는 DID 중 인증키 변경을 원하는 DID를 선택한 후 새로운 비대칭키 쌍을 생성합니다. 이때 identity_json 매개변수를 통해 키 생성 방식과 seed 등을 정의한 후 비대칭키 쌍을 생성할 수 있습니다. 키 생성을 마쳤으면 다음으로 replace_keys_apply API를 통해 기존 DID의 키 쌍을 삭제하고 새로 생성한 키 쌍을 등록합니다.

앞 절에서 사용했던 create_and_store_my_did API는 DID document에 인증키만 추가하는 API입니다. 만약 DID document에 serviceEndpoint를 추가하고 싶다면 set_endpoint_for_did API를 사용해야 하는데, set_endpoint_for_did API의 address 매개

변수에 서비스 URL을 입력하여 추가할 수 있습니다.

마지막으로, 6.2.1절과 같이 build_nym_request API를 통해 변경된 DID 인증키를 원장에 적용하는 NYM 트랜잭션을 생성하고, build_attrib_request API를 통해 serviceEndpoint를 추가하기 위한 ATTRIB 트랜잭션을 생성합니다. 마지막으로, sign_and_submit_request API를 통해 앞서 생성한 NYM과 ATTRIB 트랜잭션을 indy-node에 전송합니다. 트랜잭션을 수신한 indy-node가 트랜잭션 실행 결과를 사용자에게 반환하는 것으로 DID document 업데이트 과정은 끝나게 됩니다.

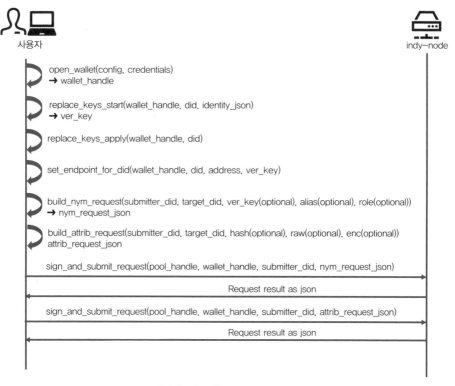

● **DID document 업데이트를 위한 API 동작 과정 Sequential diagram**

6.2.3 Schema 및 Credential Definition 생성

이번 절에서는 VC 양식에 사용되는 Schema와 Credential Definition 생성을 위한 API 동작 과정을 알아보겠습니다.

다음 그림은 Schema 등록을 위한 API 동작 과정을 나타낸 Sequential diagram입니다. VC 발행인은 새로운 VC 양식을 생성하기 위해 먼저 Schema를 생성해야 합니다. Schema 생성을 위해 issuer_create_schema API를 사용하는데, 매개변수로는 Schema를 생성한 발행인 DID, Schema의 이름과 버전, 그리고 Schema에 들어갈 데이터가 존재합니다. Schema에 들어갈 데이터에는 이름, 나이, 주소 등 VC 발급 대상의 Identity를 정의할 수 있는 항목이 포함됩니다. 마지막으로, 생성한 Schema를 build_schema_request와 sign_and_submit_request API를 이용하여 indy-node에 등록하는 것으로 Schema 등록 과정이 마무리됩니다.

● **Schema 등록을 위한 API 동작 과정 Sequential diagram**

다음 그림은 Credential Definition 등록을 위한 API 동작 과정을 나타낸 Sequential diagram입니다. 발행인은 issuer_create_and_store_credential_def API를 이용하여 Credential definition을 생성합니다. 해당 API의 매개변수로는 발행인의 DID,

Credential definition과 함께 사용할 Schema, Credential definition을 통해 발행한 VC에 사용할 서명과 폐기 방법 등이 존재합니다. 마지막으로, 생성한 Credential definition을 build_cred_def_request와 sign_and_submit_request API를 통해 indy-node에 등록하는 것으로 Credential definition 등록 과정이 마무리됩니다.

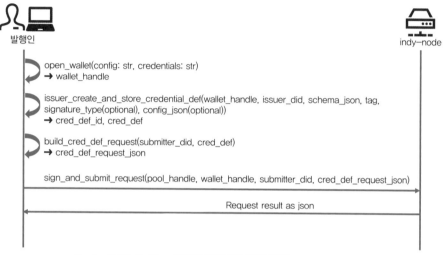

발행인   indy-node

open_wallet(config: str, credentials: str)
➔ wallet_handle

issuer_create_and_store_credential_def(wallet_handle, issuer_did, schema_json, tag, signature_type(optional), config_json(optional))
➔ cred_def_id, cred_def

build_cred_def_request(submitter_did, cred_def)
➔ cred_def_request_json

sign_and_submit_request(pool_handle, wallet_handle, submitter_did, cred_def_request_json)

Request result as json

● **Credential Definition 등록을 위한 API 동작 과정 Sequential diagram**

6.2.4 VC Revocation Registry 생성 및 VC 폐기

이번 절에서는 VC 폐기 관련 정보를 저장하는 Revocation registry를 생성하는 과정과 Revocation registry를 이용하여 VC를 폐기하는 과정을 살펴보겠습니다.

먼저, 다음 그림은 indy-node 블록체인에 Revocation registry를 등록하는 과정을 나타낸 Sequential diagram입니다. VC 발행인은 issuer_create_and_store_revoc_reg API를 이용하여 VC 폐기 방법 등이 정의된 revoc_reg_def를 생성합니다. API의 매개변수로는 Revocation registry가 관리할 Credential definition의 id, 폐기 방법(현재는 앞서 설명한 Accumulator를 통한 방식만을 지원합니다), 폐기 가능한 최대 VC 개수, Tails 파일 접근 정보 등의 값이 들어갑니다. 마지막으로, build_revoc_def_request를 통해 Revocation registry 등록을 위한 트랜잭션을 생성한 후 sign_and_submit_request를 통해 indy-node에게 트랜잭션을 전송합니다.

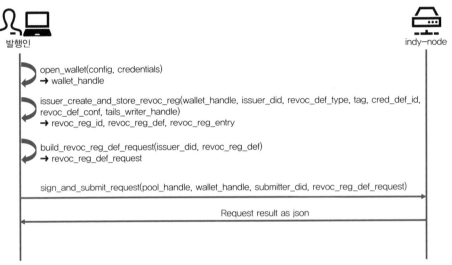

● **Revocation registry 등록을 위한 API 동작 과정 Sequential diagram**

다음 그림은 발행인이 VC를 폐기하는 과정을 나타낸 Sequential diagram입니다. 발행인은 issuer_revoke_credential API를 이용해 VC를 폐기할 수 있습니다. 해당 API의 매개변수로는 폐기할 VC의 id(Tails file 내 할당된 VC의 인수), 블록체인에 저장된 Revocation registry의 id, Tails 파일에 접근하기 위한 핸들러 등이 포함됩니다. 마지막으로, build_revoc_reg_entry_request API를 이용해 VC 폐기를 위한 트랜잭션을 생성한 후 sign_and_submit_request를 통해 indy-node에게 트랜잭션을 전송합니다.

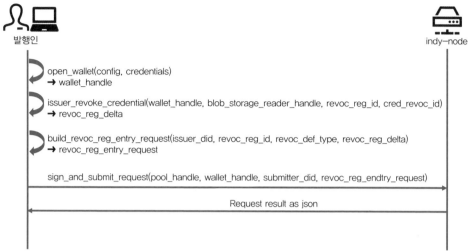

● **VC 폐기를 위한 API 동작 과정 Sequential diagram**

6.2.5 VC 생성 및 발급

다음 그림은 발행인이 사용자에게 VC 발행에 필요한 데이터를 블록체인을 통해 획득할 수 있도록 정보를 전달하고, 사용자는 발행인이 준 데이터를 바탕으로 VC 생성 요청에 필요한 데이터를 블록체인으로부터 수집하는 과정을 보여 줍니다. 발행인은 먼저 Credential offer를 생성하여 사용자에게 전달합니다. Credential offer에는 사용자가 블록체인에 저장된 발행인의 VC 양식을 가져오기 위해 필요한 Schema id와 Credential definition id가 포함되어 있습니다. Credential offer를 받은 사용자는 해당 발행인으로부터 받은 VC에 대한 소유권 증명을 위한 Master secret(현재는 Link secret으로 명칭이 변경되었습니다)을 생성합니다. 이후 발행인의 Credential definition을 요청하는 트랜잭션을 생성한 후 블록체인에 전송하여 발행인의 Credential definition을 획득합니다.

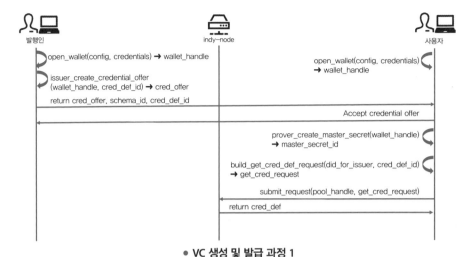

● **VC 생성 및 발급 과정 1**

VC 생성 요청에 필요한 정보를 모두 획득한 사용자는 prover_create_credential_request API를 통해 주어진 Credential offer에 대한 VC 발급 요청 데이터를 생성하여 발행인에게 전송합니다. VC 발급 요청 데이터에는 발급받길 원하는 VC의 Credential definition 과 VC 소유권 증명을 위한 Master key(Blinded form) 등이 포함되어 있습니다. 사용자로부터 VC 요청 데이터를 수신한 발행인은 issuer_create_credential API를 통해 VC를 생성한 후 사용자에게 전달합니다. VC를 수신한 사용자는 prover_store_credential API 를 이용해 지갑에 VC를 저장함으로써 VC 생성 및 발급 과정을 마칠 수 있습니다.

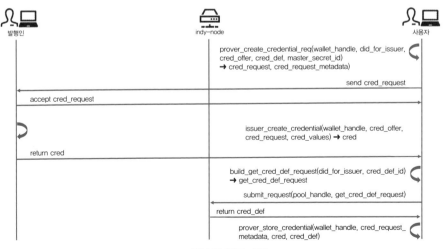

● **VC 생성 및 발급 과정 2**

6.2.6 VP 생성 및 검증

마지막으로, 사용자가 VP를 생성하여 검증인에게 제출하는 과정을 API를 통해 알아보겠습니다. 먼저, 검증인은 proof_request를 생성하여 사용자에게 전송합니다. proof_request에는 사용자가 검증인에게 제출해야 하는 데이터 목록 등이 포함됩니다. 검증인으로부터 proof_request를 수신한 사용자는 자신이 보유한 VC 중 주어진 proof_request에 해당되는 VC를 검색하여 확보해 놓습니다.

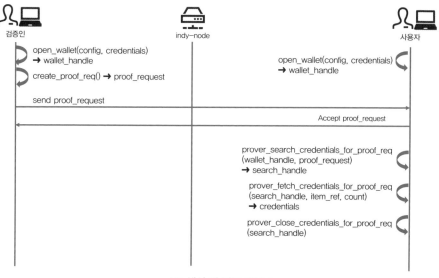

● **VP 생성 및 검증 과정 1**

이후 사용자는 VP 생성에 필요한 Schema와 Credential definition을 블록체인을 통해 획득한 후 앞서 검색한 VC 정보와 함께 VP를 생성하여 검증인에게 전송합니다. indy-sdk의 VP에는 사용자의 ID 속성을 검증하기 위한 primary proof와 VC의 폐기 여부를 검증할 수 있는 proof of non-revocation이라는 두 종류의 proof가 있습니다. 만약 VP에 포함된 VC가 폐기 여부를 검증해야 하는 VC라면 사용자는 블록체인에 저장된 Revocation registry 정보를 가져와서 proof of non-revocation 생성한 후 primary proof와 함께 검증인에게 제출해야만 합니다.

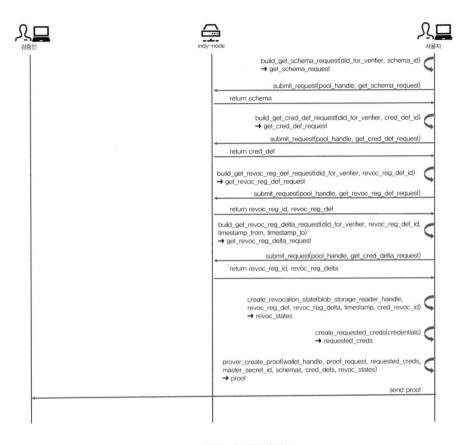

검증인   indy-node   사용자

build_get_schema_request(did_for_verifier, schema_id)
→ get_schema_request

submit_request(pool_handle, get_schema_request)

return schema

build_get_cred_def_request(did_for_verifier, cred_def_id)
→ get_cred_def_request

submit_request(pool_handle, get_cred_def_request)

return cred_def

build_get_revoc_reg_def_request(did_for_verifier, revoc_reg_def_id)
→ get_revoc_reg_def_request

submit_request(pool_handle, get_revoc_reg_def_request)

return revoc_reg_id, revoc_reg_def

build_get_revoc_reg_delta_request(did_for_verifier, revoc_reg_def_id,
timestamp_from, timestamp_to)
→ get_revoc_reg_delta_request

submit_request(pool_handle, get_cred_delta_request)

return revoc_reg_id, revoc_reg_delta

create_revocation_state(blob_storage_reader_handle,
revoc_reg_def, revoc_reg_delta, timestamp, cred_revoc_id)
→ revoc_states

create_requested_creds(credentials)
→ requested_creds

prover_create_proof(wallet_handle, proof_request, requested_creds,
master_secret_id, schemas, cred_defs, revoc_states)
→ proof

send proof

● VP 생성 및 검증 과정 2

마지막으로, 사용자로부터 VP를 받은 검증인은 블록체인으로부터 VP 검증에 필요한 Schema, Credential definition, Revocation 데이터 등을 획득하여 사용자의 VP를 검증하는 것으로 VP 생성 및 검증 과정을 마무리합니다.

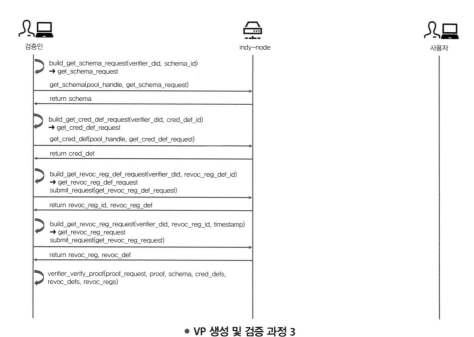

● VP 생성 및 검증 과정 3

6.2.7 Indy-sdk 샘플코드 분석

지금까지 indy-sdk에서 제공하는 API를 통해 각각의 SSI 기능별 동작 과정을 알아보았습니다. 이번 절에서는 indy-sdk에서 제공하는 샘플코드를 보며 SSI 기능을 어떻게 개발할 수 있는지 알아보겠습니다.

> **NOTE**
>
> 본 예제는 indy-sdk 깃허브의 indy-sdk/docs/getting-started/indy-walkthrough.md 문서를 참고하여 작성하였습니다. 소스코드 원본은 https://github.com/hyperledger/indy-sdk/blob/master/samples/python/src/getting_started.py에서 확인할 수 있습니다.

> **NOTE**
>
> 설명의 편의를 위해 STEWARD 및 ENDORSER 그룹의 구성원을 줄여서 Steward와 Endorser라고 부르겠습니다.

샘플코드 분석에 앞서 샘플코드의 서비스 시나리오부터 먼저 설명하겠습니다. 시나리오는 총 7단계의 과정으로 구성되어 있습니다. 가장 먼저, Steward는 indy-node 블록체인을 구동한 후 스스로를 STEWARD 그룹에 등록합니다. 이후 ENDORSER 그룹에 참여할 VC 발행기관(Government, Faber College, Acme Corp, Thrift Bank)이 Steward에게 indy-node 블록체인에 ENDORSER 자격을 등록해 줄 것을 요청하고, Steward는 요청을 받아 VC 발행기관을 ENDORSER 그룹으로 등록합니다. VC 발행기관은 Endorser가 됨으로써 indy-node에 데이터를 저장할 수 있는 권한을 얻습니다.

다음으로, Government는 대학과 회사가 사용할 수 있는 대학성적표 Schema와 재직증명서 Schema를 생성하여 indy-node 블록체인에 등록합니다. 이후 Faber College와 Acme Corp는 각각 Government가 등록한 대학성적표 Schema와 재직증명서 Schema를 사용하여 대학성적표 Credential definition과 재직증명서 Credential definition을 생성한 뒤 indy-node 블록체인에 등록합니다. VC 발행기관은 Credential definition까지 등록함으로써 VC 발행 준비를 모두 마치게 됩니다.

이후 사용자인 Alice는 Faber College로부터 성적증명서 VC를 발급받고, 성적증명서 VC를 이용하여 Acme Corp가 공고한 채용에 지원합니다. Acme Corp는 Alice의 성적증명서 VC가 포함된 VP를 문제없이 검증했다면 채용에 합격시킨 후 재직증명서 VC를 발행합니다. 마지막으로, Alice는 재직증명서 VC를 이용하여 Thrift Bank에 대출을 신청하고, Thrift Bank는 Alice가 제출한 VP를 검증함으로써 시나리오는 끝이 납니다.

그럼, 지금부터 각 과정이 어떻게 동작하는지 알아보겠습니다.

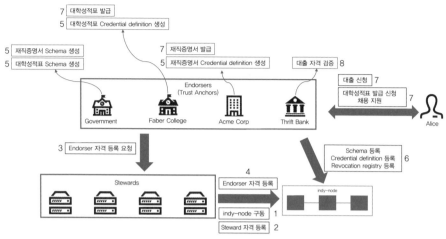

● indy-sdk 샘플코드 시나리오 흐름도

indy-node 구동 및 Steward 자격 획득

다음 그림과 샘플코드는 Steward가 Genesis transaction을 통해 indy-node를 구동하는 과정을 나타냅니다. Steward는 indy-node 블록체인 구동을 위해 **pool genesis transaction**과 **domain genesis transaction**을 전송합니다. pool genesis transaction에는 indy-node 블록체인 노드의 ip/port와 해당 노드가 Validator인지 observer인지를 나타내는 역할 등이 입력되어 있습니다. domain genesis transaction에는 최초의 STEWARD 그룹이 누가 되는지에 대한 정보가 입력되어 있습니다. 아래 domain genesis transaction 예제에는 STEWARD 그룹만이 명시돼 있지만, ENDORSER, NETWORK_MONITOR 등의 그룹도 누가 될지 정의할 수 있습니다.

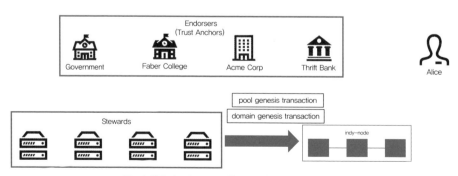

● **indy-node 구동 및 최초의 Steward 권한 등록을 위한 genesis transaction 전송**

- indy-node 구동을 위한 pool genesis transaction 예제
  (참조: https://github.com/sovrin-foundation/sovrin/tree/master/sovrin)

{"reqSignature":{},"txn":{"data":{"data":{"**alias**":"**Alpha**","**client_
ip**":"**127.0.0.1**","**client_port**":**9702**,"**node_ip**":"**127.0.0.1**","**node_port**":**9701**,
"**services**":["**VALIDATOR**"]},"dest":"JpYerf4CssDrH76z7jyQPJLnZ1vwYgvKbvcp16AB5RQ"},
"metadata":{"from":"5rArie7XKukPCaEwq5XGQJnM9Fc5aZE3M9HAPVfMU2xC"},"type":"0"},
"txnMetadata":{"seqNo":1,"txnId":"d4735e3a265e16eee03f59718b9b5d03019c07d8b6c5
1f90da3a666eec13ab35"},"ver":"1"}
{"reqSignature":{},"txn":{"data":{"data":{"**alias**":"**Beta**","**client_
ip**":"**127.0.0.1**","**client_port**":**9704**,"**node_ip**":"**127.0.0.1**","**node_port**":**9703**,
"**services**":["**VALIDATOR**"]},"dest":"DG5M4zFm33Shrhjj6JB7nmx9BoNJUq219UXDfvwBDPe2"},
"metadata":{"from":"2btLJAAb1S3x6hZYdVyAePjqtQYi2ZBSRGy4569RZu8h"},"type":"0"},
"txnMetadata":{"seqNo":2,"txnId":"4e07408562bedb8b60ce05c1decfe3ad16b72230967d
e01f640b7e4729b49fce"},"ver":"1"}
{"reqSignature":{},"txn":{"data":{"data":{"**alias**":"**Gamma**","**client_
ip**":"**127.0.0.1**","**client_port**":**9706**,"**node_ip**":"**127.0.0.1**","**node_port**":**9705**,
"**services**":["**VALIDATOR**"]},"dest":"AtDfpKFe1RPgcr5nnYBw1Wxkgyn8Zjyh5MzFoEUTeoV3"},
"metadata":{"from":"CECeGXDi6EHuhpwz19uyjjEnsRGNXodFYqCRgdLmLRkt"},"type":"0"},
"txnMetadata":{"seqNo":3,"txnId":"4b227777d4dd1fc61c6f884f48641d02b4d121d3fd32
8cb08b5531fcacdabf8a"},"ver":"1"}
{"reqSignature":{},"txn":{"data":{"data":{"**alias**":"**Delta**","**client_
ip**":"**127.0.0.1**","**client_port**":**9708**,"**node_ip**":"**127.0.0.1**","**node_port**":**9707**,
"**services**":["**VALIDATOR**"]},"dest":"4yC546FFzorLPgTNTc6V43DnpFrR8uHvtunBxb2Suaa2"},
"metadata":{"from":"3znAGhp6Tk4kmebhXnk9K3jaTMffu82PJfEG91AeRkq2"},"type":"0"},
"txnMetadata":{"seqNo":4,"txnId":"ef2d127de37b942baad06145e54b0c619a1f22327b2e
bbcfbec78f5564afe39d"},"ver":"1"}

- 최초 STEWARD 권한 등록을 위한 domain genesis transaction 예제
  (참조: https://github.com/sovrin-foundation/sovrin/tree/master/sovrin)

{"reqSignature":{"type":"ED25519","values":[{"from":null,"value":"6b86b273ff34
fce19d6b804eff5a3f5747ada4eaa22f1d49c01e52ddb7875b4b"}]},"txn":{"data":
{"alias":"**Steward1**","dest":"5rArie7XKukPCaEwq5XGQJnM9Fc5aZE3M9HAPVfMU2xC",
"**role**":"**2**"},"metadata":{"reqId":2},"type":"1"},"txnMetadata":{"seqNo":1},
"ver":"1"}{"reqSignature":{"type":"ED25519","values":[{"from":null,
"value":"6b86b273ff34fce19d6b804eff5a3f5747ada4eaa22f1d49c01e52ddb7875b4c"}]},
"txn":{"data":{"alias":"**Steward2**","dest":"2btLJAAb1S3x6hZYdVyAePjqtQYi2ZBSRGy4
569RZu8h","**role**":"**2**"},"metadata":{"reqId":3},"type":"1"},"txnMetadata":
{"seqNo":2},"ver":"1"}
{"reqSignature":{"type":"ED25519","values":[{"from":null,"value":"6b86b273ff34
fce19d6b804eff5a3f5747ada4eaa22f1d49c01e52ddb7875b4d"}]},"txn":{"data":
{"alias":"**Steward3**","dest":"CECeGXDi6EHuhpwz19uyjjEnsRGNXodFYqCRgdLmLRkt",
"**role**":"**2**"},"metadata":{"reqId":4},"type":"1"},"txnMetadata":{"seqNo":3},

```
"ver":"1"}
{"reqSignature":{"type":"ED25519","values":[{"from":null,"value":"6b86b273ff34
fce19d6b804eff5a3f5747ada4eaa22f1d49c01e52ddb7875b4e"}]},"txn":{"data":{"al
ias":"Steward4","dest":"3znAGhp6Tk4kmebhXnk9K3jaTMffu82PJfEG91AeRkq2","role":"2"},
"metadata":{"reqId":5},"type":"1"},"txnMetadata":{"seqNo":4},"ver":"1"}
```

Steward는 다음 코드를 통해 indy-node 블록체인에 genesis transaction을 등록할 수 있습니다. 다음 코드는 genesis transaction을 이용하여 하나의 블록체인을 구성하는 pool을 생성하는 과정을 나타냅니다.

● **Genesis transaction 등록**

```
1  await pool.set_protocol_version(2)
2
3  pool_ = {'name': 'pool1'}
4  pool_['genesis_txn_path'] = get_pool_genesis_txn_path(pool_['name'])
5  pool_['config'] = json.dumps({"genesis_txn": str(pool_['genesis_txn_path'])})
6  await pool.create_pool_ledger_config(pool_['name'], pool_['config'])
7  pool_['handle'] = await pool.open_pool_ledger(pool_['name'], None)
```

indy-node 블록체인을 구동한 Steward는 domain genesis transaction에 명시된 Steward 프로필과 동일한 DID와 인증키 쌍을 생성합니다. domain genesis transaction 내 명시된 Steward 프로필은 Steward가 직접 생성한 것이기 때문에 어떤 seed를 사용하여 DID와 인증키를 생성했는지 알고 있습니다. 그리하여 각각의 Steward 노드들은 domain genesis transaction 프로필 생성에 사용한 seed와 동일한 seed를 사용하여 자신이 사용할 DID 및 인증키를 생성한 후 자신의 지갑에 저장합니다.

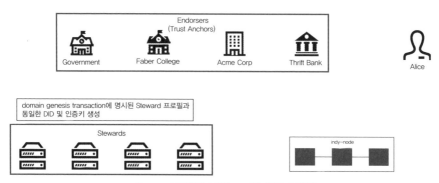

● **Steward 권한을 가진 DID 및 인증키 생성**

다음 샘플코드 6번째 줄은 Steward가 DID 및 인증키를 생성하기 위해 사용하는 seed 값을, 12~13번째 줄은 해당 seed 값을 통해 Steward의 DID와 인증키를 생성하는 과정을 나타냅니다.

● **Steward 권한을 가진 인증키 생성(Steward 노드에서 실행)**

```
1   steward = {
2       'name': "Sovrin Steward",
3       'wallet_config': json.dumps({'id': 'sovrin_steward_wallet'}),
4       'wallet_credentials': json.dumps({'key': 'steward_wallet_key'}),
5       'pool': pool_['handle'],
6       'seed': '000000000000000000000000Steward1'
7   }
8
9   await wallet.create_wallet(steward['wallet_config'],
    steward['wallet_credentials'])
10  steward['wallet'] = await wallet.open_wallet(steward['wallet_config'],
    steward['wallet_credentials'])
11
12  steward['did_info'] = json.dumps({'seed': steward['seed']})
13  steward['did'], steward['key'] = await did.create_and_store_my_
    did(steward['wallet'], steward['did_info'])
```

Endorser 등록 및 자격 획득

다음 그림은 실제 사용자에게 VC 발급 등의 서비스를 제공하는 Endorser 등록 과정을 보여 줍니다. Endorser는 각자 자신들이 사용할 DID와 인증키를 생성한 후 Steward에 게 전달하여 Endorser 등록을 요청합니다. 이후 Steward는 앞서 생성한 Steward DID 권한을 가진 DID와 인증키를 이용하여 Endorser의 DID 및 인증키를 indy-node 블록 체인에 등록합니다.

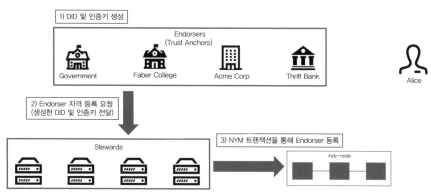

● Endorser의 DID 및 인증키 등록

다음 코드는 Faber College가 DID 및 인증키를 생성하여 Steward에게 전달하는 과정을 나타냅니다. 먼저, 생성할 DID와 인증키를 저장할 지갑을 실행합니다. 만약 지갑이 없다면 첫 번째 줄의 create_wallet API를 통해 지갑을 생성합니다. 이후 create_and_stor_my_did API를 이용하여 DID 및 인증키를 생성한 후 11번째 줄과 같이 Steward에게 전달합니다.

> **NOTE**
>
> indy-sdk의 샘플코드에서는 DID 및 인증키 전달 과정을 11번째 줄의 'steward['faber_info'] = faber['did_info']'와 같이 코드 내에서 변수 간에 값을 전달하는 것으로 표현합니다. 당연히 실제 서비스에서는 DID 및 인증키 전달을 위한 프로토콜이 필요하고, Hyperledger Aries에서 개발 중인 DIDComm 프로토콜을 하나의 방법으로 사용할 수 있습니다.

● Faber College의 DID 및 인증키 생성(Faber College에서 실행)

```
1   await wallet.create_wallet(faber['wallet_config'],
    faber['wallet_credentials'])
2   faber['wallet'] = await wallet.open_wallet(faber['wallet_config'],
    faber['wallet_credentials'])
3
4   (faber['did'], faber['key']) = await did.create_and_store_my_
    did(faber['wallet'], "{}")
5
6   faber['did_info'] = json.dumps({
```

```
7        'did': faber['did'],
8        'verkey': faber['key']
9    })
10
11   steward['faber_info'] = faber['did_info']
```

Endorser의 요청을 받은 Steward 노드는 Endorser 등록을 위해 build_nym_request API를 사용하여 NYM 트랜잭션을 생성합니다(다음 코드의 TRUST_ANCHOR는 ENDORSER의 이전 명칭입니다만, 샘플 코드에는 아직 반영되지 않고 TRUST_ANCHOR 명칭을 사용하고 있습니다). 해당 NYM 트랜잭션에는 요청받은 DID를 ENDORSER(TRUST_ANCHOR) 그룹으로 등록한다는 내용이 포함되어 있습니다. 마지막으로, 앞서 생성한 NYM 트랜잭션을 sign_and_submit_request API를 통해 indy-node 블록체인에 전송합니다.

● **Endorser 등록을 위한 NYM 트랜잭션 생성(Steward에서 실행)**

```
1    nym_request = await ledger.build_nym_request(steward['did'], steward
     ['faber_info']['did'], steward['faber_info'] ['verkey'], None,
     'TRUST_ANCHOR')
2    await ledger.sign_and_submit_request(steward['pool'], steward['wallet'],
     steward['did'], nym_request)
```

Schema 및 Credential definition 등록

다음으로, Government는 Faber college와 Acme Corp가 사용할 수 있는 대학성적표(transcript) 양식과 재직증명서(job_certificate) 양식인 transcript schema와 job_certificate schema를 indy-node 블록체인에 등록합니다.

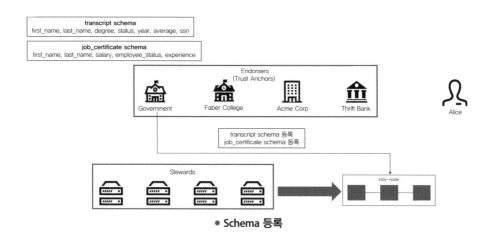

● Schema 등록

다음 코드는 Government 노드의 schema 등록 과정을 나타내고 있습니다. Government는 4번째 줄처럼 Faber college가 성적표 양식으로 사용할 수 있는 transcript 양식을 attributes 변수에 정의합니다. 이후 정의한 attributes를 바탕으로 issuer_create_schema API를 이용하여 transcript schema를 생성하고, 생성한 schema 를 indy-node 블록체인에 등록하기 위한 schema_request를 생성합니다. 마지막으로, 앞서 Steward를 통해 등록한 ENDORSER 권한을 가진 DID와 인증키를 이용하여 indy-node 블록체인에 직접 schema_request를 보냄으로써 transcript schema 등록 과 정을 마치게 됩니다.

● transcript schema 등록 과정(Government에서 실행)

```
1  transcript = {
2      'name': 'Transcript',
3      'version': '1.2',
4      'attributes': ['first_name', 'last_name', 'degree', 'status',
   'year', 'average', 'ssn']
5  }
6  (government['transcript_schema_id'], government['transcript_schema']) =
   await anoncreds.issuer_create_schema(government['did'], transcript['name'],
   transcript['version'], json.dumps(transcript['attributes']))
7  transcript_schema_id = government['transcript_schema_id']
8
9  schema_request = await ledger.build_schema_request(government['did'],
   government['transcript_schema'])
```

```
10    await ledger.sign_and_submit_request(government['pool'],
      government['wallet'], government['did'], schema_request)
```

transcript schema와 동일한 과정으로 다음과 같이 job_certificate schema도 indy-node 블록체인에 등록합니다.

- **job_certificate schema 등록 과정(Government에서 실행)**

```
1    job_certificate = {
2          'name': 'Job-Certificate',
3          'version': '0.2',
4          'attributes': ['first_name', 'last_name', 'salary', 'employee_
      status', 'experience']
5    }
6    (government['job_certificate_schema_id'], government['job_certificate_
      schema']) = await anoncreds.issuer_create_schema(government['did'],
      job_certificate['name'], job_certificate['version'], json.dumps
      (job_certificate['attributes']))
7    job_certificate_schema_id = government['job_certificate_schema_id']
8
9    schema_request = await ledger.build_schema_request(government['did'],
      government['job_certificate_schema'])
10   await ledger.sign_and_submit_request(government['pool'],
      government['wallet'], government['did'], schema_request)
```

이후 Faber College와 Acme Corp는 각자 Government가 제공하는 Schema를 이용하여 대학성적표 Credential definition과 재직증명서 Credential definition을 생성합니다. Credential definition에는 해당 VC를 발행한 발행인의 정보, 양식에 사용한 Schema, VC 서명 방식, 폐기 정보 등이 포함됩니다. Credential definition에 포함된 데이터는 추후 Alice가 VC 발행 요청 생성에 사용합니다.

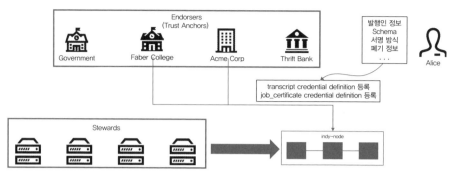

● **Credential Definition 등록**

다음 코드는 Faber College의 Credential definition 등록 과정을 보여 줍니다. 먼저, indy-node 블록체인으로부터 Credential definition 생성에 사용할 Schema를 가져옵니다. 이후 발행인, 서명 방식, 폐기 방식 등의 대학성적표 Credential definition 속성을 정의한 뒤 issuer_create_and_store_credential_def API를 이용하여 credential definition 을 생성합니다. 마지막으로, build_cred_def_request와 sign_and_submit_request API 를 통해 트랜잭션을 생성하여 블록체인에 등록합니다.

● **Credential definition 등록 과정(Faber College에서 실행)**

```
1   get_schema_request = await ledger.build_get_schema_request(faber['did'],
    transcript_schema_id)
2   get_schema_response = await ledger.submit_request(faber['pool'],
    get_schema_request)
3   faber['transcript_schema_id'], faber['transcript_schema'] =
    await ledger.parse_get_schema_response(get_schema_response)
4
5   transcript_cred_def = {
6       'tag': 'TAG1',
7       'type': 'CL',
8       'config': {"support_revocation": False}
9   }
10  (faber['transcript_cred_def_id'], faber['transcript_cred_def']) = await
    anoncreds.issuer_create_and_store_credential_def(faber['wallet'], faber
    ['did'], faber['transcript_schema'], transcript_cred_def['tag'],
    transcript_cred_def['type'], json.dumps(transcript_cred_def['config']))
11
12  cred_def_request = await ledger.build_cred_def_request(faber['did'],
```

```
   faber['transcript_cred_def'])
13 await ledger.sign_and_submit_request(faber['pool'], faber['wallet'],
   faber['did'], cred_def_request)
```

Faber College와 동일한 방법으로 Acme Corp에서도 다음과 같이 재직증명서 VC 발행을 위한 Credential definition을 생성합니다.

● **Credential definition 등록 과정(Acme Corp에서 실행)**

```
 1 get_schema_request = await ledger.build_get_schema_request(acme['did'],
   job_certificate_schema_id)
 2 get_schema_response = await ledger.submit_request(acme['pool'],
   get_schema_request)
 3 acme['job_certificate_schema_id'], acme['job_certificate_schema'] =
   await ledger.parse_get_schema_response(get_schema_response)
 4
 5 job_certificate_cred_def = {
 6     'tag': 'TAG1',
 7     'type': 'CL',
 8     'config': {"support_revocation": False}
 9 }
10 (acme['job_certificate_cred_def_id'], acme['job_certificate_cred_def']) =
   await anoncreds.issuer_create_and_store_credential_def(acme['wallet'],
   acme['did'], acme['job_certificate_schema'], job_certificate_cred_def
   ['tag'], job_certificate_cred_def['type'], json.dumps(job_certificate_
   cred_def['config']))
11
12 cred_def_request = await ledger.build_cred_def_request(acme['did'],
   acme['job_certificate_cred_def'])
13 await ledger.sign_and_submit_request(acme['pool'], acme['wallet'],
   acme['did'], cred_def_request)
```

재직증명서 VC의 경우엔 퇴사자에 대한 VC를 폐기할 수 있어야만 합니다. 그리하여 VC 폐기를 위해 Acme Corp는 재직증명 Credential definition에 대한 Tails file과 Revocation registry를 생성합니다. Tails file은 재직증명 Credential definition을 통해 발행한 모든 VC에 대한 폐기 여부를 조회할 수 있는 파일입니다. 하지만, Tails file의 경우 데이터 용량이 크기 때문에 블록체인 외부에 저장하고, Tails file을 매개변수로 사용한 암호학적 연산을 통해 Revocation registry를 생성하여 Revocation registry

만 블록체인에 등록합니다. 이후 검증인은 Acme Corp에게 직접 통신하지 않고도 Revocation registry에 있는 정보만으로 사용자의 VC 폐기 여부를 판단할 수 있습니다.

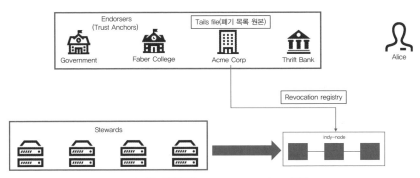

● **Tails file 생성 및 Revocation registry 등록**

다음은 job_certificate credential definition에 대한 Revocation registry를 등록하는 과정을 나타내는 샘플코드입니다. 먼저, Acme Corp는 VC 폐기 목록을 관리할 Tails file을 생성합니다. 샘플코드에서는 blob_storage에 Tails file을 관리한다고 가정하였습니다. 이후 issuer_create_and_store_revoc_reg API를 통해 어떤 Credential definition에 대한 Revocation registry를 생성할지, Accumulator, Tails file의 위치, VC 폐기 최대 개수 등을 정의한 Revocation registry definition을 생성하여 indy-node 블록체인에 전송합니다. 마지막으로, 최초 생성된 Accumulator를 블록체인에 등록함으로써 Revocation registry 등록 과정을 마칩니다.

● **job_certificate 폐기 정보 등록(Acme Corp에서 실행)**

```
1  acme['tails_writer_config'] = json.dumps({'base_dir': "/tmp/indy_acme_
   tails", 'uri_pattern': ''})
2  tails_writer = await blob_storage.open_writer('default', acme
   ['tails_writer_config'])
3
4  (acme['revoc_reg_id'], acme['revoc_reg_def'], acme['revoc_reg_entry'])
    = await anoncreds.issuer_create_and_store_revoc_reg(acme['wallet'],
   acme['did'], 'CL_ACCUM', 'TAG1', acme['job_certificate_cred_def_id'],
   json.dumps({'max_cred_num': 5, 'issuance_type': 'ISSUANCE_ON_DEMAND'}),
   tails_writer)
```

```
5   acme['revoc_reg_def_request'] = await ledger.build_revoc_reg_def_
    request(acme['did'], acme['revoc_reg_def'])
6   await ledger.sign_and_submit_request(acme['pool'], acme['wallet'],
    acme['did'], acme['revoc_reg_def_request'])
7
8   acme['revoc_reg_entry_request'] = await
    ledger.build_revoc_reg_entry_request(acme['did'], acme['revoc_reg_id'],
    'CL_ACCUM', acme['revoc_reg_entry'])
9   await ledger.sign_and_submit_request(acme['pool'], acme['wallet'],
    acme['did'], acme['revoc_reg_entry_request'])
```

성적증명서 VC 발급

이제 Faber College와 Acme Corp는 VC 발행을 위한 모든 준비를 마쳤습니다. 다음으로, Alice가 Faber College와 Acme Corp가 등록한 Credential definition을 바탕으로 VC를 발급받는 시나리오를 설명하겠습니다.

먼저, 대학교 성적증명서 VC를 발급받는 과정부터 설명하겠습니다. 다음 그림은 Alice가 Faber College에게 VC 발급 요청을 전송하는 과정을 나타내고 있습니다. Alice는 Faber College를 졸업하였고, 졸업 후 성적증명서가 필요하여 Faber College 웹사이트에 로그인하여 성적증명서 VC를 요청했다고 가정하겠습니다. 성적증명서 VC 요청을 받은 Faber College는 Alice에게 Credential offer를 전송합니다. Credential offer를 수신한 Alice는 Credential offer에 포함된 정보를 바탕으로 transcript schema와 transcript credential definition를 획득합니다. 마지막으로, 추후 성적증명서 VC의 소유권 증명에 사용할 Master secret을 생성한 후 지금까지 획득한 정보를 바탕으로 VC 발급요청을 생성하여 Faber college에게 전송합니다.

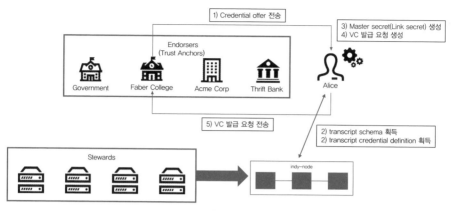

• VC 발급 요청 과정

다음 샘플코드는 Faber College가 Credential offer를 생성하여 Alice에게 보내 주는 과정을 나타냅니다. issuer_create_credential_offer API를 통해 Credential offer를 생성한 뒤 Alice에게 전송합니다.

● Credential offer 전송(Faber College에서 실행)

```
1   faber['transcript_cred_offer'] = await anoncreds.issuer_create_
    credential_offer(faber['wallet'], faber['transcript_cred_def_id'])
2
3   alice['transcript_cred_offer'] = faber['transcript_cred_offer']
```

Alice는 수신한 Credential offer의 정보를 바탕으로 indy-node 블록체인으로부터 transcript schema와 transcript credential definition을 획득합니다. 다음으로, Alice는 성적증명서 VC의 소유권 증명을 위한 Master secret을 생성한 후 지금까지 획득한 성적증명의 Credential definition, Faber college로부터 수신한 Credential offer, 본인이 생성한 Master secret 등을 매개변수로 한 prover_create_credential_req API를 통해 VC 발급요청을 생성합니다(Master secret은 Faber college가 알 수 없도록 영지식 증명을 활용한 암호화 기법을 사용해서 전송합니다).

```
1   get_schema_request = await ledger.build_get_schema_request(alice
    ['did_for_faber'], alice['transcript_cred_offer']['schema_id'])
2   get_schema_response = await ledger.submit_request(alice['pool'],
    get_schema_request)
3   transcript_schema = await ledger.parse_get_schema_response(get_schema_
    response)
4
5   print(transcript_schema['data'])
6   # Transcript Schema:
7   {
8       'name': 'Transcript',
9       'version': '1.2',
10      'attr_names': ['first_name', 'last_name', 'degree', 'status',
    'year', 'average', 'ssn']
11  }
12
13  get_cred_def_request = await ledger.build_get_cred_def_request(alice
    ['did_for_faber'], alice['transcript_cred_offer']['cred_def_id'])
14  get_cred_def_response = await ledger.submit_request(alice['pool'],
    get_cred_def_request)
15  alice['transcript_cred_def'] = await ledger.parse_get_cred_def_response
    (get_cred_def_response)
16
17  alice['master_secret_id'] = await anoncreds.prover_create_master_
    secret(alice['wallet'], None)
18
19  (alice['transcript_cred_request'], alice['transcript_cred_request_
    metadata']) = await anoncreds.prover_create_credential_req(alice
    ['wallet'], alice['did_for_faber'], alice['transcript_cred_offer'],
    alice['transcript_cred_def'], alice['master_secret_id'])
20
21  faber['transcript_cred_request'] = alice['transcript_cred_request']
```

마지막으로, VC 발급 요청을 받은 Faber College는 transcript schema 양식에 맞춰 Alice의 졸업 기록을 작성합니다. 이후 해당 Schema 내용과 transcript credential definition을 바탕으로 성적증명서 VC를 생성한 뒤 Alice에게 발급합니다.

● 성적증명서 VC 생성 및 발행

다음 코드는 Faber College가 Alice 졸업 기록을 바탕으로 졸업증명서 VC를 생성하는 코드를 나타냅니다. 먼저, Faber College는 Schema에 Alice 졸업 기록에 대한 데이터를 입력하는데, Schema의 Attribute의 값에는 사람이 확인 가능한 Raw 값과 암호화 등을 위한 32-bit integer로 인코딩된 값이 함께 들어갑니다. 마지막으로, isser_create_credential API를 이용하여 성적증명서 VC를 생성한 후 Alice에게 전달합니다.

● 성적증명서 VC 생성 및 발행(Faber College에서 실행)

```
1  transcript_cred_values = json.dumps({
2      "first_name": {"raw": "Alice", "encoded": "11394817164574886901722
   17916278103335"},
3      "last_name": {"raw": "Garcia", "encoded": "53216427802417901235879
   02456789123452"},
4      "degree": {"raw": "Bachelor of Science, Marketing", "encoded":
   "12434523576212321"},
5      "status": {"raw": "graduated", "encoded": "2213454313412354"},
6      "ssn": {"raw": "123-45-6789", "encoded": "3124141231422543541"},
7      "year": {"raw": "2015", "encoded": "2015"},
8      "average": {"raw": "5", "encoded": "5"}
9  })
10
11 faber['transcript_cred'], _, _ = await anoncreds.issuer_create_
   credential(faber['wallet'], faber['transcript_cred_offer'],
   faber['transcript_cred_request'], transcript_cred_values, None, None)
12
13 alice['transcript_cred'] = faber['transcript_cred']
```

Faber college로부터 성적증명서 VC를 받은 Alice는 prover_store_credential API를 통해 성적증명서 VC를 자신의 지갑에 저장함으로써 성적증명서 VC 발급 과정을 마칩니다.

- **성적증명서 VC 저장(Alice에서 실행)**

```
1    await anoncreds.prover_store_credential(alice['wallet'], None, faber
     ['transcript_cred_request'], faber['transcript_cred_request_metadata'],
     alice['transcript_cred'], alice['transcript_cred_def'], None)
```

- **Alice가 발급받은 성적증명서 VC 내용**

```
{
    'referent': 'Transcript Credential Referent',
    'attrs': {
        'first_name': 'Alice',
        'last_name': 'Garcia',
        'status': 'graduated',
        'degree': 'Bachelor of Science, Marketing',
        'ssn': '123-45-6789',
        'year': '2015',
        'average': '5'
    },
    'schema_id': job_certificate_schema_id,
    'cred_def_id': faber_transcript_cred_def_id,
    'rev_reg_id': None,
    'cred_rev_id': None
}
```

재직증명서 VC 발급

이제 Alice는 발급받은 성적증명서 VC를 이용해 Acme Corp 채용에 지원합니다. Alice가 Acme Corp 웹사이트에 접속하여 채용 지원 버튼을 클릭하면, Acme Corp는 Alice에게 proof request를 생성하여 전송합니다. proof request에는 채용 지원을 위해 어떤 데이터가 필요한지 명시돼 있습니다. Alice는 proof request를 참조하여 Acme Corp에 제출할 VP를 생성한 뒤 Acme Corp에 제출합니다.

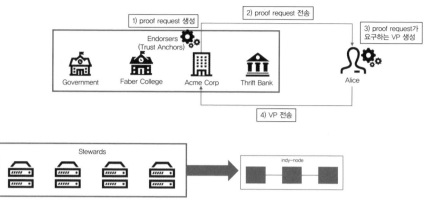

● proof request 및 VP 전송

다음 샘플코드는 Acme Corp가 proof request를 생성하여 Alice에게 전달하는 과정을 나타냅니다. proof request는 attr1_referent ~ attr6_referent, 그리고 predicate1_referent 까지 총 7가지 데이터를 요구하고 있습니다. 여기서 주목할 점은 attr3_referent ~ attr5_referent 항목에는 restrictions 세부 항목을 통해 transcript credential definition 양식으로 생성된 데이터만 허용한다고 명시돼 있다는 점입니다. 또한, 29번째 줄 predicate1_referent 항목에는 평균 학점이 4점 이상이 맞는지 여부만 판단한다고 명시 돼 있습니다. 예를 들면, 검증인은 암호화된 평균 학점 데이터를 수신하여 평균 학점 이 정확히 몇 점인지는 알 수 없지만, 4점이 넘는지에 대한 사실은 확인할 수 있습니다. proof request를 생성한 Acme Corp는 Alice에게 proof request를 전송합니다.

● **Proof request 생성 및 전송(Acme Corp에서 실행)**

```
1   acme['job_application_proof_request'] = json.dumps({
2       'nonce': '1432422343242122312411212',
3       'name': 'Job-Application',
4       'version': '0.1',
5       'requested_attributes': {
6           'attr1_referent': {
7               'name': 'first_name'
8           },
9           'attr2_referent': {
10              'name': 'last_name'
11          },
```

```
12              'attr3_referent': {
13                  'name': 'degree',
14                  'restrictions': [{'cred_def_id': faber['transcript_cred_
        def_id']}]
15              },
16              'attr4_referent': {
17                  'name': 'status',
18                  'restrictions': [{'cred_def_id': faber['transcript_cred_
        def_id']}]
19              },
20              'attr5_referent': {
21                  'name': 'ssn',
22                  'restrictions': [{'cred_def_id': faber['transcript_cred_
        def_id']}]
23              },
24              'attr6_referent': {
25                  'name': 'phone_number'
26              }
27          },
28          'requested_predicates': {
29              'predicate1_referent': {
30                  'name': 'average',
31                  'p_type': '>=',
32                  'p_value': 4,
33                  'restrictions': [{'cred_def_id': faber['transcript_cred_
        def_id']}]
34              }
35          }
36      })
37
38 alice['job_application_proof_request'] = acme['transcript_cred']
```

다음으로, Alice는 proof request가 요구하는 VP를 생성하여 Acme Corp에 전달합니다. Alice는 prover_get_credentials_for_proof_req API를 이용하여 자신의 지갑에서 proof request가 요구하는 VC가 무엇인지 확인합니다. 확인 결과, Acme Corp가 보낸 proof request는 transcript credential definition을 통해 생성된 성적증명서 VC 하나만 요구하는 것을 확인할 수 있습니다. 이후 Alice는 attr3_referent~attr5_referent과 predicate1_referent는 성적증명서 VC를 이용해 데이터를 채워 넣고, attr1_referent, attr2_referent, attr6_referent의 데이터는 임의로 채워 넣습니다. 마지막으로, 채워 넣은 데이터를 바탕

으로 VP를 생성한 후 Acme Corp에 전송합니다.

- **proof request가 요구하는 VP 생성 및 전달(Alice에서 실행)**

```
1   creds_for_job_application_proof_request = json.loads(await anoncreds.
    prover_get_credentials_for_proof_req(alice['wallet'], alice
    ['job_application_proof_request']))
2
3   alice['job_application_requested_creds'] = json.dumps({
4       'self_attested_attributes': {
5           'attr1_referent': 'Alice',
6           'attr2_referent': 'Garcia',
7           'attr6_referent': '123-45-6789'
8       },
9       'requested_attributes': {
10          'attr3_referent': {'cred_id': cred_for_attr3['referent'],
    'revealed': True},
11          'attr4_referent': {'cred_id': cred_for_attr4['referent'],
    'revealed': True},
12          'attr5_referent': {'cred_id': cred_for_attr5['referent'],
    'revealed': True},
13      },
14      'requested_predicates': {'predicate1_referent': {'cred_id':
    cred_for_predicate1['referent']}}
15   })
16
17  alice['apply_job_proof'] = await anoncreds.prover_create_proof(alice
    ['wallet'], alice['job_application_proof_request'], alice['job_application_
    requested_creds'], alice['master_secret_id'], alice['schemas'],
    alice['cred_defs'], alice['revoc_states'])
18
19  acme['apply_job_proof'] = alice['apply_job_proof']
```

- **Acme이 수신한 Alice의 VP**

```
{
    'requested_proof': {
        'revealed_attrs': {
            'attr4_referent': {'sub_proof_index': 0, 'raw':'graduated',
'encoded':'2213454313412354'},
            'attr5_referent': ['sub_proof_index': 0, 'raw':'123-45-6789',
'encoded':'3124141231422543541'},
            'attr3_referent': ['sub_proof_index': 0, 'raw':'Bachelor of
```

```
Science, Marketing', 'encoded':'12434523576212321'}
        },
        'self_attested_attrs': {
            'attr1_referent': 'Alice',
            'attr2_referent': 'Garcia',
            'attr6_referent': '123-45-6789'
        },
        'unrevealed_attrs': {},
        'predicates': {
            'predicate1_referent': {'sub_proof_index': 0}
        }
    },
    'proof' : [] # Validity Proof that Acme can check
    'identifiers' : [ # Identifiers of credentials were used for Proof
building
        {
            'schema_id': job_certificate_schema_id,
            'cred_def_id': faber_transcript_cred_def_id,
            'rev_reg_id': None,
            'timestamp': None
        }
    }
}
```

마지막으로, Alice의 VP를 수신한 Acme Corp는 VP 검증이 정상적으로 끝났으면 채
용에 합격시킨 후 Alice에게 Credential offer를 전송하여 재직증명서 VC 발급 과정을
진행합니다.

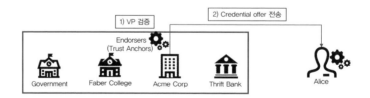

● **VP 검증 및 VC 발급 과정 진행**

VP를 수신한 Acme Corp는 VP 내 포함된 성적증명 VC와 관련된 Schema와 Credential definition을 블록체인으로부터 가져옵니다. 이후 아래 샘플코드와 같이 verifier_verify_proof API를 통해 Alice의 VP를 검증하는 것으로 VP 검증 과정은 종료됩니다.

- **VP 검증 및 Credential offer 전송**

```
1   assert await anoncreds.verifier_verify_proof(acme['job_application_
    proof_request'], acme['apply_job_proof'], acme['schemas'],
    acme['cred_defs'], acme['revoc_ref_defs'], acme['revoc_regs'])
2
3   acme['job_certificate_cred_offer'] = await anoncreds.issuer_create_
    credential_offer(acme['wallet'], acme['job_certificate_cred_def_id'])
4   alice['job_certificate_cred_offer'] = acme['job_certificate_cred_offer']
```

VP를 검증한 Acme Corp는 Alice를 채용에 합격시켰습니다. 이제 Alice는 Acme Corp 재직증명서 VC를 발급받을 수 있습니다.

대출 신청

다음으로, Alice는 Acme Corp의 재직증명서 VC를 이용해 Thrift Bank에 대출을 신청합니다. 대출 신청을 위해 다음 그림과 같이 Acme Corp에 재직증명서 VC부터 먼저 발급받습니다. 다만, 재직증명서 VC는 폐기가 가능한 VC이기 때문에 Acme Corp는 재직증명서 VC를 발행할 때마다 indy-node 블록체인에 Revocation registry를 업데이트해 줘야 합니다. Alice 또한, Acme Corp로부터 재직증명서 VC를 발급받은 후 재직증명서 VC에 대한 Revocation definition 정보를 획득하여 추후 Thrift Bank에 재직증명서 VC가 폐기되지 않았음을 증명할 수 있습니다.

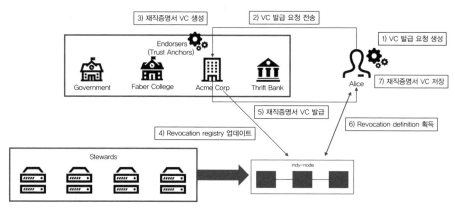

● 재직증명서 VC 발급 과정

아래 샘플코드와 같이 대학성적증명서 VC와 동일한 방식으로 Schema, Credential definition, Master secret을 사용하여 재직증명서 VC 발급요청을 생성한 뒤 Acme Corp로 전송합니다.

● 재직증명서 VC 발급 요청 생성(Alice에서 실행)

```
1  (alice['job_certificate_cred_request'], alice['job_certificate_cred_
   request_metadata']) = await anoncreds.prover_create_credential_req
   (alice['wallet'], alice['did_for_acme'], alice['job_certificate_cred_
   offer'], alice['acme_job_certificate_cred_def'], alice['master_secret_id'])
2
3  acme['job_certificate_cred_request'] = alice['job_certificate_cred_request']
```

Alice로부터 VC 발급 요청을 수신한 Acme Corp는 자신이 소유한 Alice의 재직 정보를 바탕으로 재직증명서 VC를 생성합니다. 이때 대학성적증명서 VC와 달리 Alice에게 재직증명서 VC를 보낸 후 Revocation registry 업데이트 과정이 추가됩니다. issuer_create_credential API는 재직증명서 VC 외 Revocation registry를 업데이트하기 위한 Revocation registry delta 정보도 함께 결괏값으로 반환하는데, Acme Corp는 Revocation registry delta 값을 매개변수로 한 build_revoc_reg_entry_request API를 통해 Revocation registry 업데이트를 위한 트랜잭션을 생성하여 indy-node 블록체인에 저장된 Revocation registry 정보를 업데이트합니다.

- **재직증명서 VC 발급 과정(Acme에서 실행)**

```
1   alice_job_certificate_cred_values_json = json.dumps({
2       "first_name": {"raw": "Alice", "encoded":
    "245712572474217942457235975001210333"},
3       "last_name": {"raw": "Garcia", "encoded":
    "312643218496194691632153761283356127"},
4       "employee_status": {"raw": "Permanent", "encoded":
    "2143135425425143112321314321"},
5       "salary": {"raw": "2400", "encoded": "2400"},
6       "experience": {"raw": "10", "encoded": "10"}
7   })
8
9   acme['blob_storage_reader_cfg_handle'] = await blob_storage.open_reader
    ('default', acme['tails_writer_config'])
10  acme['job_certificate_cred'], acme['job_certificate_cred_rev_id'],
    acme['alice_cert_rev_reg_delta'] = await anoncreds.issuer_create_
    credential(acme['wallet'], acme['job_certificate_cred_offer'],
    acme['job_certificate_cred_request'], acme['job_certificate_cred_
    values'], acme['revoc_reg_id'], acme['blob_storage_reader_cfg_handle'])
11
12  alice['job_certificate_cred'] = acme['job_certificate_cred']
13
14  acme['revoc_reg_entry_req'] = await ledger.build_revoc_reg_entry_
    request(acme['did'], acme['revoc_reg_id'], 'CL_ACCUM', acme['alice_cert_
    rev_reg_delta'])
15  await ledger.sign_and_submit_request(acme['pool'], acme['wallet'],
    acme['did'], acme['revoc_reg_entry_req'])
```

Acme Corp로부터 재직증명서 VC를 수신한 Alice는 재직증명서 VC에 포함된 정보를 바탕으로 indy-node 블록체인으로부터 Revocation definition을 획득합니다. Revocation definition에는 추후 Thrift Bank에게 재직증명서 VC가 폐기되지 않았음을 증명할 수 있는 재직증명서 VC 폐기 여부 검증 방법이 정의되어 있습니다. Alice는 Revocation definition의 검증 방식에 따라 Witness, Factor of VC 등의 데이터를 생성하여 Thrift Bank에게 재직증명서 VC 폐기 여부를 검증할 수 있습니다. Revocation definition까지 획득한 Alice는 Revocation definition과 함께 재직증명서 VC를 자신의 지갑에 저장합니다.

● Revocation definition 획득 후 재직증명서 VC 저장(Alice에서 실행)

```
1   alice['acme_revoc_reg_des_req'] = await ledger.build_get_revoc_reg_def_
    request(alice['did_for_acme'], alice_job_certificate_cred['rev_reg_id'])
2   alice['acme_revoc_reg_des_resp'] = await ledger.submit_request
    (alice['pool'], alice['acme_revoc_reg_des_req'])
3   (alice['acme_revoc_reg_def_id'], alice['acme_revoc_reg_def_json']) = await
    ledger.parse_get_revoc_reg_def_response(alice['acme_revoc_reg_des_resp'])
4
5   await anoncreds.prover_store_credential(alice['wallet'], None, alice
    ['job_certificate_cred_request_metadata'], alice['job_certificate_cred'],
    alice['acme_job_certificate_cred_def'], alice['acme_revoc_reg_def_json'])
```

● Alice의 재직증명서 VC

```
{
    'referent': 'Job-Certificate Credential Referent',
    'revoc_reg_seq_no': None,
    'schema_id': job_certificate_schema_id,
    'cred_def_id': acme_job_certificate_cred_def_id,
    'attrs': {
        'employee_status': 'Permanent',
        'last_name': 'Garcia',
        'experience': '10',
        'first_name': 'Alice',
        'salary': '2400'
    }
}
```

재직증명서 VC를 획득한 Alice는 Thrift Bank에게 대출을 신청합니다. Alice가 Thrift Bank의 웹사이트에 접속하여 온라인 대출 신청을 클릭했다고 가정하겠습니다. 대출 신청을 접수한 Thrift Bank는 대출 자격요건을 명시한 proof request를 생성하여 Alice에게 전송합니다. Alice는 proof request가 요구하는 VP를 생성한 뒤 Thrift Bank에게 VP를 전송하고, Thrift Bank는 VP를 검증한 후 대출 승인 여부를 판단합니다.

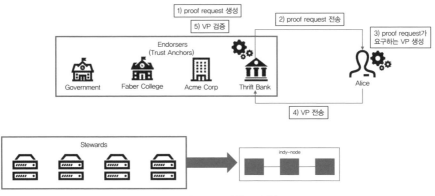

● **proof request 및 VP 전송**

다음 샘플 코드는 Thrift Bank가 proof request를 생성한 뒤 Alice에게 전송하는 과정을 나타냅니다. proof request는 총 3가지 데이터를 요구하고 있습니다. attr1_referent는 재직 상태에 대한 데이터를, predicate1_referent는 월급이 2,000 이상임을, predicate2_referent는 재직 기간이 1년 이상일 것임을 요구하고 있습니다. predicate1_referent와 predicate2_referent의 경우엔 원본 데이터를 요구하지 않고 조건을 만족하는지에 대한 여부만 증명하기를 요구합니다. 또한, 3가지 데이터 모두 재직증명 acme_job_certificate credential definition으로부터 생성된 VC의 데이터만 허용한다는 제한을 두고 있습니다. 이와 같은 proof request를 생성한 뒤 Alice에게 전송합니다.

● **Thrift Bank의 proof request 생성 및 전송(Thrift Bank에서 실행)**

```
1   thrift['apply_loan_proof_request'] = json.dumps({
2       'nonce': '123432421212',
3       'name': 'Loan-Application-Basic',
4       'version': '0.1',
5       'requested_attributes': {
6           'attr1_referent': {
7               'name': 'employee_status',
8               'restrictions': [{'cred_def_id': acme_job_certificate_
    cred_def_id}]
9           }
10      },
11      'requested_predicates': {
12          'predicate1_referent': {
```

```
13          'name': 'salary',
14          'p_type': '>=',
15          'p_value': 2000,
16          'restrictions': [{'cred_def_id': acme_job_certificate_
    cred_def_id}]
17        },
18      'predicate2_referent': {
19          'name': 'experience',
20          'p_type': '>=',
21          'p_value': 1,
22          'restrictions': [{'cred_def_id': acme_job_certificate_
    cred_def_id}]
23        }
24    },
25    'non_revoked': {'to': int(time.time())}
26  })
27
28 alice['apply_loan_proof_request'] = thrift['apply_loan_proof_request']
```

proof request를 수신한 Alice는 proof request가 요구하는 VP를 생성한 후 Thrift Bank
에게 전달합니다. Alice는 proof request가 재직증명서 VC의 속성값을 요구하는 것
을 확인한 뒤, 해당 속성값을 재직증명서 VC로부터 추출하고 각각의 속성값에 대한
Timestamp를 생성합니다. Timestamp는 추후 Verifier가 재직증명서 VC 폐기 여부를
확인할 때 사용할 수 있습니다. 마지막으로, 속성값과 Timestamp를 이용해 VP를 생
성한 후 Thrift Bank에게 전송합니다.

● **Thrift Bank의 proof request가 요구하는 VP 생성 및 전달(Alice에서 실행)**

```
1 revoc_states_for_loan_app = json.loads(alice['revoc_states_for_loan_app'])
2      timestamp_for_attr1 = await get_timestamp_for_attribute(cred_
    for_attr1, revoc_states_for_loan_app)
3      timestamp_for_predicate1 = await get_timestamp_for_attribute
    (cred_for_predicate1, revoc_states_for_loan_app)
4      timestamp_for_predicate2 = await get_timestamp_for_attribute
    (cred_for_predicate2, revoc_states_for_loan_app)
5      alice['apply_loan_requested_creds'] = json.dumps({
6          'self_attested_attributes': {},
7          'requested_attributes': {
8              'attr1_referent': {'cred_id': cred_for_attr1
    ['referent'], 'revealed': True, 'timestamp': timestamp_for_attr1}
9            },
```

```
10            'requested_predicates': {
11                'predicate1_referent': {'cred_id': cred_for_predicate1
    ['referent'], 'timestamp': timestamp_for_predicate1},
12                'predicate2_referent': {'cred_id': cred_for_predicate2
    ['referent'], 'timestamp': timestamp_for_predicate2}
13            }
14        })
15
16  alice['apply_loan_proof'] = await anoncreds.prover_create_proof
    (alice['wallet'], alice['apply_loan_proof_request'],
    alice['apply_loan_requested_creds'], alice['master_secret_id'],
    alice['schemas_for_loan_app'], alice['cred_defs_for_loan_app'],
    alice['revoc_states_for_loan_app'])
17
18  thrift['apply_loan_proof'] = alice['apply_loan_proof']
```

마지막으로, Thrift Bank는 Alice의 VP 내 포함된 재직증명서 VC 속성, 폐기 여부 확인 데이터 등을 이용하여 VP를 검증한 뒤 대출 승인 여부를 결정합니다.

● VP 검증 과정(Thrift Bank에서 실행)

```
1   assert await anoncreds.verifier_verify_proof
    (thrift['apply_loan_proof_request'], thrift['alice_apply_loan_proof'],
    thrift['schemas_for_loan_app'], thrift['cred_defs_for_loan_app'],
    thrift['revoc_defs_for_loan_app'], thrift['revoc_regs_for_loan_app'])
```

만약 Acme Corp가 Alice의 재직증명서를 폐기하고 싶다면 다음과 같이 issuer_revoke_credential API에 재직증명서 VC 발행 당시 사용한 Revocation registry id와 재직증명서 VC의 revocation id 등을 매개변수로 사용하여 폐기할 수 있습니다.

● 재직증명서 VC 폐기 과정(Acme Corp에서 실행)

```
1   await anoncreds.issuer_revoke_credential(acme['wallet'],
    acme['blob_storage_reader_cfg_handle'], acme['revoc_reg_id'],
    acme['job_certificate_cred_rev_id'])
```

이것으로 indy-sdk의 샘플코드 분석을 모두 마쳤습니다. API의 자세한 동작 과정을 확인하고 싶은 독자는 https://docs.rs/indy/1.6.8-dev-884/indyrs/index.html에 접속하면 indy-sdk의 libindy가 사용하는 모든 함수 및 API에 대한 설명을 확인할 수 있습니다.

6.2.8 ZKP VC/VP 데이터 처리 흐름

하이퍼레저 인디는 ZKP VC/VP 처리에 특화된 플랫폼입니다. 마지막으로, 이번 절에서는 발행인, 사용자, 검증인 사이에서 ZKP VC/VP가 어떻게 생성되고 처리되는지에 대한 데이터 처리 흐름을 설명하겠습니다.

발행인 setup

발행인은 다음 그림과 같이 자신이 발급할 VC 양식에 대한 Schema를 생성하여 indy-node 블록체인에 등록합니다. 일상생활에 사용되는 서류에 양식이 있듯이 VC에도 Schema란 양식이 있는데, Schema에는 보통의 서류와 마찬가지로 이름, 나이, 주소, 소속 등의 항목이 들어갈 수 있습니다. 다음 그림의 m3, m4, ⋯, ml은 Schema가 가진 각각의 항목을 의미합니다(m1에는 사용자가 VC의 주인임을 증명할 수 있는 Master secret(Link secret)이 들어가고, m2에는 revocation context가 들어가기 때문에 실제 이름, 나이 등의 항목은 m3부터 들어갑니다). 발행인은 indy-node의 SCHEMA 트랜잭션을 이용하여 Schema를 등록합니다.

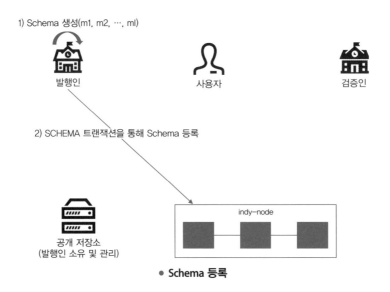

● **Schema 등록**

이후 발행인은 자신이 발행할 VC에 대한 Credential definition을 등록합니다. Credential definition에는 어떤 Schema를 사용할지에 대한 정보, 해당 Credential definition으로 발행된 VC 검증에 사용될 수 있는 공개키, 해당 Credential definition 으로 발행된 VC 폐기 검증에 사용될 수 있는 공개키가 포함됩니다. 발행인은 VC 검증 과 VC 폐기 검증에 필요한 키 쌍을 생성한 뒤 비밀키는 안전한 장소에 보관하고, 공개 키는 Credential definition에 포함하여 CLAIM_DEF 트랜잭션을 통해 블록체인에 등 록합니다.

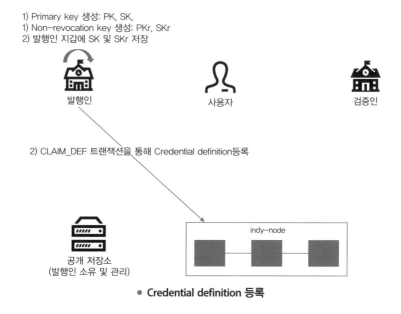

1) Primary key 생성: PK, SK,
1) Non-revocation key 생성: PKr, SKr
2) 발행인 지갑에 SK 및 SKr 저장

발행인   사용자   검증인

2) CLAIM_DEF 트랜잭션을 통해 Credential definition등록

공개 저장소
(발행인 소유 및 관리)

indy-node

● **Credential definition 등록**

마지막으로, 발행인은 Credential definition에 해당하는 VC 폐기 정보를 블록체인 및 공개저장소에 등록합니다. 사용자는 VC 폐기 정보를 이용하여 자신의 VC가 폐기되 지 않았음을 증명할 수 있는 데이터를 생성할 수 있고, 검증인은 자신이 수신한 VC 가 폐기됐는지에 대한 여부를 검증할 수 있습니다. 발행인은 VC 폐기 정보를 담은 accum(Accumulator), Accumulator를 수정하고 VC 폐기 여부를 검증할 수 있는 키 쌍 인 SKaccum와 PKaccum를 REVOC_REG 트랜잭션을 통해 indy-node 블록체인에 등 록합니다. 또한, VC 폐기 목록의 원본 데이터 격인 Tails file은 블록체인에 등록하기에

는 용량이 너무 크기 때문에 발행인이 관리하는 공개 저장소에 따로 등록합니다. Tails file이 위치한 URI도 REVOC_REG 트랜잭션에 포함되어 블록체인에 저장됩니다.

이로써 발행인은 VC를 발행하기 위한 모든 준비를 마쳤습니다.

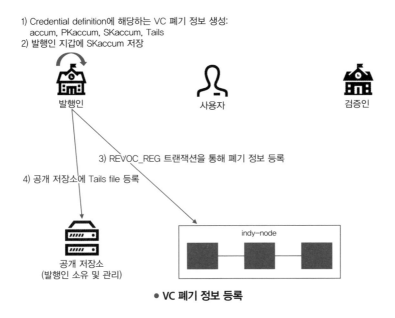

• **VC 폐기 정보 등록**

VC 발행

이번 절에서는 사용자가 발행인으로부터 VC를 발행받는 과정을 알아보겠습니다. 먼저, 사용자는 Master secret(Link secret)을 생성합니다. Master secret은 향후 ZKP VC의 소유권을 증명할 때 사용됩니다. 이후 사용자는 indy-node 블록체인으로부터 자신이 발행 요청할 VC에 대한 Credential definition을 획득합니다. Credential definition에는 사용자가 발행받을 VC에 대한 공개키 값인 PK, PKr이 포함되어 있습니다. Credential definition을 획득한 사용자는 vrPrime 및 vrPrime이라는 랜덤 숫자를 생성한 뒤, Master secret과 Credential definition의 PK, PKr, 그리고 vPrime과 vrPrime을 연산하여 blinded secret을 생성합니다. 사용자는 향후 blinded secret에 매치되는 Master secret을 알고 있음을 증명함으로써 VC에 대한 소유권을 증명할 수 있습니다. 마지막으로, 사용자는 발행인에게 VC에 대한 소유권 증명을 위한 blinded secret과 발행받을 VC의 Credential definition을 알려줍니다.

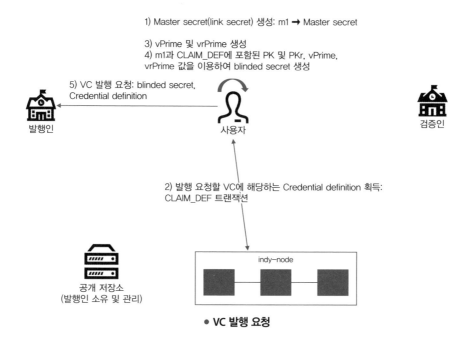

1) Master secret(link secret) 생성: m1 ➡ Master secret

3) vPrime 및 vrPrime 생성
4) m1과 CLAIM_DEF에 포함된 PK 및 PKr, vPrime, vrPrime 값을 이용하여 blinded secret 생성

5) VC 발행 요청: blinded secret, Credential definition

발행인

사용자

검증인

2) 발행 요청할 VC에 해당하는 Credential definition 획득: CLAIM_DEF 트랜잭션

공개 저장소
(발행인 소유 및 관리)

indy-node

● **VC 발행 요청**

VC 발행 요청을 받은 발행인은 사용자 정보를 Schema에 채워 넣고, 발행할 VC 폐기 관리를 위해 Tails file에 정의된 인수 중 하나를 선택합니다. 이후, 사용자로부터 받은 blinded secret 값과 indy-node 블록체인으로부터 획득한 accum, PKaccum, PK, PKr을 이용하여 pre-VC 및 pre-VC 폐기 증명을 생성합니다. 폐기 정보에 새롭게 생성된 VC가 추가되었으므로 그에 맞게 Accumulator를 업데이트한 후 REVOC_REG_UPDATE 트랜잭션을 통해 indy-node 블록체인에 업데이트한 Accumulator를 등록합니다. 마지막으로 발행인은 pre-VC, pre-VC 폐기 증명을 사용자에게 전송하고, 사용자는 vPrime과 vrPrime을 이용하여 pre-VC, pre-VC 폐기 증명을 VC, VC 폐기 증명으로 업데이트한 뒤 자신의 지갑에 저장합니다.

이로써 VC 발행 과정이 모두 끝났습니다.

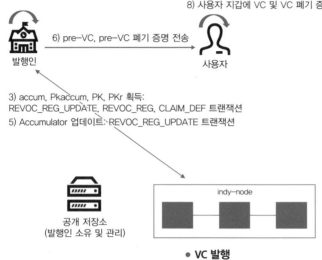

1) 사용자 정보 생성: m3, …, ml
2) Tails file의 index 선택

4) 사용자로부터 받은 blinded secret을 이용하여
VC 및 VC 폐기 증명 생성: primary credential,
non-revocation credential

7) vPrime 및 vrPrime을 이용하여
VC 및 VC 폐기 증명 업데이트
8) 사용자 지갑에 VC 및 VC 폐기 증명 저장

6) pre-VC, pre-VC 폐기 증명 전송

발행인　　　　　　　　　　　　사용자　　　　　　　　　　　　검증인

3) accum, Pkaccum, PK, PKr 획득:
REVOC_REG_UPDATE, REVOC_REG, CLAIM_DEF 트랜잭션
5) Accumulator 업데이트: REVOC_REG_UPDATE 트랜잭션

공개 저장소
(발행인 소유 및 관리)

indy-node

● **VC 발행**

VP 검증

이번 절에서는 VP 검증 과정에 대해 알아보겠습니다. 검증인은 사용자에게 Proof request를 전송합니다. Proof request에는 검증인이 원하는 이름, 나이 등의 ID 속성과 사용자가 VP 생성 시 사용할 nonce 값이 포함되어 있습니다. Proof request를 수신한 사용자는 VP 생성을 위해 indy-node 블록체인으로부터 PK, PKr, PKaccum을 획득하고, 발행인의 공개 저장소로부터 Tails file을 획득합니다. 이후, 획득한 값을 바탕으로 검증인이 요청한 ID 속성만 확인할 수 있도록 VC를 VP로 가공한 후 VP를 전송합니다. 마지막으로, 검증인은 VP 내 포함된 VC에 해당하는 Credential definition과 VC 폐기 정보를 획득한 후 VP를 검증함으로써 검증 과정을 종료합니다.

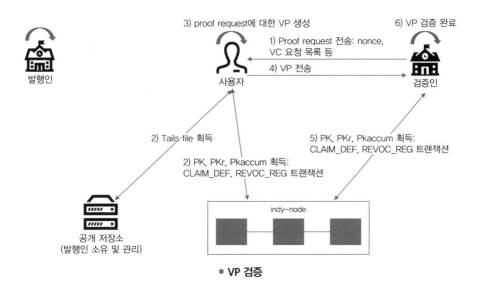

3) proof request에 대한 VP 생성

6) VP 검증 완료

1) Proof request 전송: nonce,
VC 요청 목록 등

4) VP 전송

발행인

사용자

검증인

2) Tails file 획득

5) PK, PKr, Pkaccum 획득:
CLAIM_DEF, REVOC_REG 트랜잭션

2) PK, PKr, Pkaccum 획득:
CLAIM_DEF, REVOC_REG 트랜잭션

공개 저장소
(발행인 소유 및 관리)

indy-node

● **VP 검증**

> **NOTE**
>
> 이번 절에서는 ZKP VC 발행 및 VP 검증 관련 상위 프로토콜 관점에서의 데이터 처리 흐름을
> 설명하였습니다. 암호학적 연산과 관련한 상세한 내용은 깃허브의 indy-hipe/text/anoncreds-
> protocol에서 확인할 수 있습니다.

6.3 Hyperledger Aries

지금까지 DID 및 신원 인증 관련 데이터가 블록체인에 어떻게 저장되는지 indy-node
를 통해 알아보았습니다. 또한, 클라이언트단에서 블록체인과 통신하기 위한 소프트웨
어가 어떻게 개발될 수 있는지 indy-sdk를 통해 알아보았습니다. 이번 절에서는 클라이
언트 간의 데이터 전송에 관련된 표준과 프레임워크를 개발하는 Hyperledger Aries에
관해서 알아보겠습니다.

Hyperledger Aries는 Hyperledger Indy와 독립적인 프로젝트입니다. Hyperledger Aries의 목표는 어떠한 블록체인, 혹은 분산저장소를 사용하든지 상관없이 독립적으로 동작할 수 있는 클라이언트 간의 SSI 통신 표준과 프레임워크를 개발하는 것입니다.

Hyperledger Aries는 다음과 같이 3가지를 주제로 개발을 진행하고 있습니다. 아래 3가지 주제에 대한 개념을 aries-rfcs에 먼저 정의한 후 aries-rfcs의 RFC(Request For Comment)가 Accept 상태가 되면 Aries Framework나 Aries Cloud/Static Agent에 개발되는 구조로 프로젝트가 진행됩니다.

- Agents
- DID communications & Protocols
- Key management

현재 aries-rfcs에는 수십 가지의 SSI 관련 기술 및 사양에 대한 RFC가 정의되어 있습니다. 이 책에서 이를 모두 다루는 것은 어렵지만, 향후 Aries를 본격적으로 공부하는 분을 위해 최소한의 방향성을 잡아준다는 것을 목표로 간략하게 Aries를 설명하겠습니다.

먼저, Aries의 Agents부터 알아보겠습니다. Aries의 Agent란 DID 및 VC/VP 등의 신원정보를 처리하는 클라이언트를 말합니다. 앞 절의 샘플코드 시나리오의 경우 Alice는 모바일 단말에 SSI App을 설치하여 Agent로 사용했을 것이고, Endorser나 Steward의 경우엔 서버에 Agent 프로그램을 개발하여 사용했을 것입니다. Alice의 모바일 단말 Agent는 최소한의 기능만 탑재되어 있다면 사용하는 데 문제가 없을 것입니다. 예를 들어, 인증키를 관리하고, 하나의 Endorser와 통신 채널을 생성하며, 안전하게 VC 및 VP 데이터를 송/수신하는 기능 정도만 있으면 될 것입니다. 하지만, Endorser 혹은 Steward 같은 사용자가 이용하는 Agent의 경우는 Alice의 모바일 Agent보다 더 많은 기능을 제공해야 합니다. 다수의 사용자와의 통신 채널을 유지해야 하고, 블록체인의 데이터를 읽어오거나 트랜잭션을 생성하여 블록체인에 전송할 수 있어야 합니다. aries-rfcs에는 Agent가 사용하는 지갑 구조, 통신 프로토콜, 암호화 등을 정의한 다양한 RFC가 존재합니다.

DID communications & Protocols의 경우 Peer DID 프로토콜 절에서 이미 확인했듯 이 DIDComm이라는 DID 프로토콜이 aries-rfcs에 정의되어 있습니다. DIDComm에 는 분산 환경에서 DID를 생성하고 교환하기 위한 데이터 구조부터 통신 프로토콜에 이르기까지, DID를 사용하기 위한 거의 모든 기능이 정의되어 있습니다. 또한, DID뿐 만 아니라 VC/VP 교환 등 분산 환경에서 SSI 관련 데이터를 교환하기 위한 프로토콜 관련 내용도 aries-rfcs에 정의되어 있습니다.

SSI 환경에서는 키 관리도 매우 중요합니다. CA 등과 같이 중앙 노드에서 키를 분배 하고 관리하는 것과 달리 SSI에서는 분산 환경에서 사용자가 직접 키를 관리하고 교 환해야 합니다. 분산 환경에서 안전하게 키를 관리하고 교환하는 기능은 aries-rfcs의 DKMS(Decentralized Key Management System, https://bit.ly/2B3r2CX)에 상세하게 정의되어 있 습니다.

찾아보기